はじめに

　この本には速く走るための方法が記されている。速く走ることは多くの人にとっての憧れだろう。内容を理解して、一生懸命に取り組めば、必ず一定の効果を実感することができるだろう。しかし、ただ「かけっこが速くなりたい」「運動会で1番になりたい」と思う人たちだけでなく、野球やサッカー、その他あらゆるスポーツに打ち込んでいる人たちにこそ見てほしい。そして、もし「レギュラーになりたい」とか「試合に出たい」と思っているのであれば、この本は必ず役に立つはずだ。

　サッカー日本代表の岡崎慎司選手は、Jリーグ入団当初は登録されている8人のFWの内「8番手の選手」だと言われていた。しかし今では

　は日本代表のレギュラーとして、また海外のチームでも目覚ましい活躍を見せている。彼を変えた要素の1つが「走りの技術」であると言ってもよい。サッカーに限らず、どのスポーツでも走ることが必要で、全ての動きの根本にあるものなのだ。この走りの質を変えることで、あらゆるスポーツで競技力を向上させることができるのだ。
　技術とは体力の上に成り立つものであり、走る力というのはもちろん体力に含まれる。体力という土台を鍛えることで、どのスポーツでも技術を伸ばすことができる。このページをめくることが、ライバルを圧倒して、自分が輝くステージへ続くステップの第1歩だ。

CONTENTS

- 6 **Chapter1** 「走ること」と「運動神経」の関係
- 8 1. 速く走ることの魅力
  かけっこ人気／陸上競技とスピード／その他の競技とスピード
  走る能力と運動能力の関係
- 11 2. 子どもの体力と環境
  体力の概念／子どもの体力の現状／習い事としてのスポーツ／体力のレベルと走り
- 14 3. 走るためのトレーニング
  陸上競技におけるトレーニングの進化／陸上競技からのフィードバック
- 17 4. 走り方について
  走る技術／走る能力を向上させるポイント／陸上競技と走る技術
  その他の種目と走る技術／「うまく走る」ことの効果
- 20 5. 走る技術と感覚
  感覚の重要性／感覚を養うためには／感覚を養う環境
- 24 6. 速く走るための基礎技術
  姿勢の重要性／姿勢を意識する／走りとリズム／リズムの作り方／股関節の役割
  股関節の機能／股関節を使う目的／股関節を走りに活かす

- 34 **Chapter2** ストレッチ
- 36 背中周り
  ①背中周りのストレッチ／②背中周りのストレッチ／③背中周りのストレッチ
- 39 肩周り
  ①肩周りのストレッチ／②肩周りのストレッチ／③肩周りのストレッチ
  ④肩周りのストレッチ／⑤肩周りのストレッチ
- 44 股関節
  ①股関節のストレッチ／②股関節のストレッチ／③股関節のストレッチ
  ④股関節のストレッチ

- 48 **Chapter3** 動きづくり ▶YouTube
- 50 基本の正しい姿勢
  ①正しい姿勢／②正しい姿勢の作り方
- 54 バランス
  ①つま先立ち（30秒静止）／②つま先立ち歩き／③つま先立ち走り／④かかと歩き
  ⑤かかと走り／⑥かかと→つま先歩き／⑦かかと→つま先歩き（2秒静止）
- 62 ブラジル体操
  ①股関節内旋／②股関節外旋／③脚上げ／④脚上げ（横）
- 68 スキップ
- 70 ギャロップ
- 72 四肢同調ジャンプ
  ①揃えた状態→横に開脚／②前後に開脚／③前後と揃える動作の組み合わせ
- 78 もも上げスキップ
  ①腕を横に広げながら／②腕を前後に振りながら／③非対称に腕を回しながら

> **YouTube** 本書のChapter3〜5の内容は、動画でも視聴することができます。各ページに記載されているタイトルを入れて検索するか、バーコードを読み取ってリンク先をご視聴ください

- 84 片脚のもも上げ
- 86 引き付け
- 88 シザース
- 90 もも上げ
- 92 バウンディング

94 Chapter4 トレーニング（発展）　YouTube

- 96 もも上げ
  ①腕を真上に上げて／②腕を真横に上げて／③腕を後ろで組んで
- 102 引き付け→流し
- 104 シザース→流し
- 106 もも上げ→流し
- 108 もも上げ（3種）→流し
  ①腕を真上に上げて／②腕を真横に上げて／③腕を後ろで組んで
- 110 バウンディング→ダッシュ
- 112 ダッシュ（大股イメージ）

114 Chapter5 様々なスポーツでの動き　YouTube

- 116 ダッシュ（スタート）の局面
- 120 トップスピードの局面
- 122 サイドステップ→ダッシュの局面
- 126 クロスステップ→ダッシュの局面
- 130 バックステップ→ダッシュの局面
- 134 方向転換（カーブ／スラローム）の局面
- 138 ジャンプに入るときの局面

142 Additional Chapter プログラム例

- 144 プログラムの組み方
- 145 プログラムの実例
- 146 ウォームアップのプログラム
- 147 バランス重視のプログラム
- 148 走力重視のプログラム（フォーム作り）
- 149 走力重視のプログラム（スプリント力）

Chapter 1

「走ること」と「運動神経」の関係

走りを鍛えることで、何故様々なスポーツに活かすことができるのか。まずは走ることに対する理解を深めることが重要だ。「正しい走り」を習得することの意味が理解できれば、日ごろのトレーニングや生活での態度が変わってくるだろう。

CONTENTS

- P8 　1-1　速く走ることの魅力
- P11　1-2　子どもの体力と環境
- P14　1-3　走るためのトレーニング
- P17　1-4　走り方について
- P20　1-5　走る技術と感覚
- P24　1-6　速く走るための基礎技術

Chapter 1-1 ≫ 速く走ることの魅力

かけっこ人気

　今は「かけっこ」が人気で、子どもたちにとって人気のある習い事となっている。最近は体育の家庭教師も存在し、様々なスポーツを習うことが可能になってきているが、その中でも人気があるのが「かけっこ」である。首都圏を中心に「かけっこ教室」なるものが開催され、たくさんの子どもたちが通っているのである。以前「かけっこ」は習うものではなかった。遊びの中で勝手に行なうものであったし、体育の時間以外にわざわざ誰かに教わることなんてなかった。以前は走ることを習うというと、陸上競技を本格的に行ない、競技力を高めるということであった。しかし、最近の体力低下に伴う走力の低下に対する親の心配や、運動会や体育の授業で速く走れるようになりたいというニーズが存在する。そのため、陸上競技を専門的に習うというよりは、もっと基本的な走り方を身につけたいという動機から、走り方をわざわざ習うということにつながっているのである。ただ、こうした状況からいえることは、「みんな足が速くなりたい」という気持ちを持っているということだ。「速く走る」ということは非常に魅力的なことなのである。

陸上競技とスピード

　陸上競技に目を向けてみると、現在の男子100mの世界記録は9秒58であり、想像を超えるハイレベルな域に達している。この記録はジャマイカのウサイン・ボルト選手によるものであるが、この記録の存在がスプリントの世界のレベルを引き上げており、今まで以上にスピードに対する追求は高まっている。またこの記録によってボルト選手は陸上競技のみならず、世界のスポーツ界全体におけるスーパースターの仲間入りを果たした。彼が走るレースでは、常に記録更新が期待され、我々は「どれくらい速く走れるのか」という思いを強く持っている。そのため、通常であれば好記録といわれる記録で走っても、何かがっかりした気持ちになる人が多い。選手には酷な期待であるが、反面、我々がスピードに対して高い欲求を持っていることの表れである。純粋に「速く走れる」ということは非常に魅力的なのである。

その他の競技とスピード

　こうした走りのスピードに対するニーズは陸上競技だけで高まっているのではない。その他のスポーツ種目においても「走る」という能力が大きな注目を浴びており、高い関心を寄せている。そしてこの傾向は年々強まりを見せており、そこには戦術の変化によるところが大きい。今現在のスポーツでは、科学的トレーニングが導入されることは当たり前になってきた。これは戦術の構築においても同様であり、科学的なアプローチによって新たな戦術が具体化されている。こうした戦術の発達に伴い、フィジカル部分の強化が求められ、その中でも「走る」能力は非常に重要視されている。つまり、近代的な戦術を実行するには、高い走力が求められているのだ。

　ここで求められる走る能力は、主に2つである。持久力とスピードだ。持久力はゲーム中に最後まで走り切れる能力である。現在の戦術は非常に高い体力を必要とする。そしてゲーム時間中、常にアグレッシブに動き回ることが要求され、非常にたくさんの運動量が求められている。実際にプロサッカー選手においては、1試合中に平均10km以上走る。こうした事実も考慮すると、持久力は欠かせない能力である。もし持久力に問題があると、スターティングメンバーとしてプレーすることは困難になるであろう。これはサッカー以外の種目でも同様の傾向である。また持久力と同様に、スピードも重要な能力として認められている。現在の最もモダンな戦術を実現するには、スピードが欠かせない。スピードのある選手がどれだけ揃っているかによって、戦術も変わっていく。今求められている戦術の核になるのはスピードだ。走るスピード、攻守の切り替えの際のスピード、ステップワークなどの移動スピードと、全てのプレーにおいてスピードがキーワードになっている。

　ここで言いたいことは、「常にトップスピードでプレーすべき」ということではない。常にトップスピードを出し続けてプレーすることは、ほぼ不可能である。ここで伝えたいのは、肝心なときにスピードを上げられるか、ということである。こうしたスピードの切り替えは戦術的側面からも大変重要である。スピードの切り替えができるとどういったメリットがあるかといえば、攻守においてメリハリがつき、相手にとってはマークをしにくくなることや、戦術のバランスを崩しやすくなることだ。こうしたことで、ゲームの主導権を握れる可能性が高くなる。こうしたことからもスピードの切り替えは大きな能力であることがわかる。こうした能力を高める上で前提条件となるのが、トップスピードのレベルである。単純に考えてみよう。スピードがある人は、速く走れることはもちろん、ゆっくり

走ることも可能である。逆にスピードのない人は、ゆっくりは走れても速く走ることは不可能である。こうしたことを考慮すれば、速く走れる方が望ましいことは誰もがわかることである。すなわち、スピードの切り替えを容易にし、そしてその効果を上げるためにはスピードが必要であることがわかる。また選手のスカウトにおいても、スピードの必要性は高い。「足が速い」ことは大きな武器として注目され、大きな魅力となっている。実際にアフリカなどでは、ある場所で「足の速い子どもがいる」という噂があると、サッカーのヨーロッパトップチームのスタッフが出向き、チームにスカウトしている。サッカーの技術と同様にスピードも選手に重要な資質として定義されている。だからこそ、トップスピードを高いレベルに引き上げていくことが非常に重要であり、大きな課題の1つとなっているのである。

走る能力と運動能力の関係

　走る能力である持久力とスピードは、体力に含まれる重要な要素である。体力と運動能力には関連性があり、運動能力を向上させるには体力を向上させる必要がある。特にスピードはスポーツのパフォーマンスとの関連が強く、スピードを向上させることは、様々なスポーツにおけるパフォーマンスの質を高めることにもつながる。だからこそ、スピードを向上させる走りのトレーニングが必要であり、どのスポーツにおいてもこれを考慮して全体的なトレーニングを構築すべきである。走るスピードを向上させるためには、単純に「速く動かす」「力を入れる」ことで達成されるのではなく、様々な要素が必要である。最重要なのは「どのように体を動かすか」ということである。体の各部位の動かし方、力の入れ方、リズムなど、細かなところまで気をつけなければならない。トップレベルの選手は、全力疾走中でも自分の体の動きを細かく把握し、それを練習ではもちろん、試合中でも修正していくのである。したがって、スピードに対する走りのトレーニングでは、自分の体の動き方に注意し、そしてイメージ通りに体を動かさなくてはならない。スピードの中で体を巧く使いこなすことが必要である。だからこそ、走るスピードを磨くことは全般的な運動能力の向上にもつながり、その結果、走ることだけでなく様々なスポーツのパフォーマンスに対してもプラスの影響を与えるのである。

Chapter 1-2　子どもの体力と環境

体力の概念

　子どもの体力低下が社会問題となってからかなりの時間が経過した。体力低下の具体例を挙げると、「現在の男子の体力は20年前の女子の体力と同レベル」とか、「運動をほとんどしない子供が増加した」など、ネガティブな内容がほとんどである。こうした傾向は数値でも表れており、また実際に子どもたちの活動状況を見てもその様子が伺える。そもそも体力の意味は非常に広く、様々な要素が含まれている。大きくは2つに分かれ、1つは「防衛体力」や「健康関連体力」と言われる要素で、2つ目は「行動体力」や「パフォーマンスに関連した体力」といわれる要素である。1つ目の「健康関連体力」には、筋力、筋持久力、全身持久力、関節の柔軟性、身体組成が含まれる。これらは、日常的な生活を問題なく過ごすために必要で、また負荷を掛ければ向上し、逆に負荷を掛けなければ低下していく。またスポーツの競技力を向上させることにおいても、基礎として重要な役割を担っている。もう1つの「パフォーマンスに関連した体力」には、バランス、協応性、敏捷性、スピード、パワーといった要素が含まれる。これらは競技力の向上に対して専門的な要素であり、それぞれのスポーツに対応するように向上が図られている。

子どもの体力の現状

　子どもの体力の状況であるが、1975年代半ばまで上昇傾向にあったものが、それ以後は継続的に低下している。ここで特に注目したいのは、小学校低学年からすでに年代的な低下が始まっていることだ。同様のことは幼児にも当てはまっており、1986年と1997年の運動能力を比較した研究例によれば、男女ともに運動能力の明確な低下がみられたようだ。この体力低下傾向にはスポーツの実施頻度、実施時間が大きく影響を及ぼしているようである。
　平成21年度全国体力・運動能力・運動週間調査の結果によると、女子で1週間の総運動量が60分未満の割合は小学5年生で22.6%、中学2年生で31.6%。平成22年度の調査では、1週間の総運動時間が60分を切る子どもの割合は、小学5年生男子が10.5%、女子が24.2%、中学男子では9.3%、女子が31.1%に及んでいる。また、1日の運動時間が1時間未満の子どもの割合は、小学生は男子が28.1%、女子

が51.8%であり、中学生では男子が16%、女子が39%にものぼる。こうしたことから考えられるのは、ますます運動を行なわない子が増加し、運動をする子としない子の二極化が進行していることだ。そうなると、体力のある子とない子との差が拡大するだろうし、体力低下の問題もさらに長期化する可能性があり、今後さらに大きな問題となるだろう。

習い事としてのスポーツ

　スポーツを実施することに対するとらえ方も変化してきている。かつてスポーツは遊びの一種であり、友達同士で集まって楽しむことが当たり前だった。しかし現在、スポーツは習い事の1つであり、その時間以外はスポーツをしない子どもが増えてきている。こうした状況も運動実施時間の減少に影響を及ぼしていると考えられる。またこのように、「スポーツ＝習い事」になってしまうと様々な影響が出る。ポジティブな側面では、スポーツへの関心を持たせやすいことである。今まで自分では気づけなかった点を指導者から習うことができ、技術的な向上に効果がある。特にそのスポーツを始めたときには、細かな指導は大きな動機付けにつながる。指導を通じてスポーツの上達を感じられれば、どんな子どもも嬉しいだろうし、スポーツを好きになるだろう。しかしその反面、創意工夫するマインドや自分の体に関する感覚は、スポーツでは自ら学ばなければならない。これらは残念ながら「習う」ことで身につけるのは難しい。特に、自分の感覚については習うことはできない。この感覚は将来性を見据えると非常に大切で、特に高校生くらいからは重要性が増してくる。この感覚が新しい技術を覚えることや、技術を直すときに大きな役割を担うからだ。
　しかし「習う」ことに慣れすぎてしまうと、自分で考えることがおろそかになり、言われるままに体を動かすだけになる。そして自分の体がどのように動いているのかを理解する力が養われない。そして結果的に、習ったことはできるが、それ以外はできず、自ら創意工夫をする意欲も育たなくなってしまう。また、習うことに慣れてしまうと、指導者の力量の範囲でしか実力が上がらない。レベルが高度になるほど、自己分析や創意工夫の力が必要であり、選手と指導者それぞれの分析や考え方を融合させていくことが必要になる。しかし、習うばかりでは指導者からの一方通行になり、実力アップにも限界が訪れるだろう。習い事としてのスポーツには長所も短所もある。ただ一つ言えることは、習うだけではスポーツのすべてを身につけることはできない。だからこそ、現在の子どもたちのスポーツに取り組む環境は充分とは言い切れないのである。

体力のレベルと走り

　子どものスポーツに取り組む環境は、競技スポーツでのパフォーマンスに大きく反映される。体力はトレーニングを積む上で非常に重要であるが、現在の体力低下は競技レベルの低下を招く。体力があれば長い時間運動でき、多くのトレーニングをすることができる。そして体力のレベルは運動能力の発達にも大きな影響を与える。なぜなら運動量の増加とともに体力も増加し、その分運動能力も必然的に上がるからだ。実際に体力テストの結果を見ても、1日の運動・スポーツ実施時間の多い子どもの方が、少ない子どもと比べるとその値は常に上回っている。こうしたことから、体力と運動能力には関連性があることがわかる。また、体力低下の問題に伴って運動能力の低下も顕著になってきている。50m走やソフトボール投げといった種目では、1985年と比較すると大きく低下している。特に50m走のタイムの低下は深刻である。「走る」ことはスポーツの基礎であり、走らなくても良いスポーツはほとんど無い。

　「走る」ことがスポーツの基礎と言われる理由だが、運動スキルの種類を見れば理解することができる。運動スキルとは、「1.姿勢制御運動スキル」「2.移動運動スキル」「3.操作運動スキル」である。「姿勢制御運動スキル」には、屈身、ストレッチ、ツイストターン、体を振る、倒立、回転、着地からの停止、回避、バランスが含まれる。「移動運動スキル」には歩く、走る、跳ぶ、ホップ、スキップ、滑る、跳び越す、登る、バウンディングが含まれる。そして「操作運動スキル」には投げる、捕る、蹴る、トラッピング、打つ、ボレー、突く、転がすが含まれる。スポーツにはこれらの様々なスキルが組み合わされているが、必ず行なうスキルは移動運動スキルである。移動することは多くのスポーツにおいて必要不可欠で、競技性が高まればその移動のスピードも上がっていく。先に説明したパフォーマンスに関連する体力にはスピードや俊敏性が含まれ、移動に対してスピードが加わることで競技力が向上することもわかる。つまり「走る」ことはスポーツにおいて競技力を向上させる要素である。また陸上競技ではもちろん、球技でも走る部分が大半を占めている。球技ではボールを直接扱っている時間よりも走っている時間が長い。サッカーでは、90分の試合時間のうち、平均で86～88分は歩いているか、走っている時間である。またプレー自体に走る部分が多くなくても、トレーニングとして重要であることがほとんどだ。このような事実から判断すれば、走ることが不得意になっている現状は、スポーツ全般におけるパフォーマンスの低下を招くことは簡単に想像できる。それだけに、競技スポーツのレベルアップを目指す上では、改めて走ることを見直すことが重要となるだろう。

Chapter 1-3 ≫ 走るためのトレーニング

陸上競技におけるトレーニングの進化

　走る能力の重要性に対して、この能力をどのように高めるのか、という疑問が出てくるのではないだろうか。特に陸上競技以外のスポーツでは、走りに関するトレーニングの知識が不足しているのも現状である。そして多くの指導者や選手からも、「どのようにすれば足が速くなるのか」といった質問が多く出される。速く走るための知識には高い関心が寄せられている。当然のことながら、陸上競技でもスピードへの関心は高まっている。先ほど述べたウサイン・ボルトの衝撃的な記録を通じて、スプリント種目でも今まで以上にスピードを出すことに注目が集まっているし、マラソンなどの長距離種目においても、著しいタイムの短縮がみられ、持久力のみならずスピードに対する追求が高まっている。そのために様々な科学的分析によってスピードの解明が盛んに行なわれ、指導者もそれを具体化するために試行錯誤を重ねている。その結果、記録の水準が全体的に上がり、オリンピックや世界陸上での100mのファイナリストになるには9秒台は当たり前、むしろ9秒90よりも速い記録を持っていないと可能性が小さくなる状況だ。「より速く」という欲求が具体化されてきており、これは選手自身の努力はもちろんのこと、トレーニング内容の発展や指導者のレベルアップによっても支えられている。このようなスピードに対する進化はこれからも続いていくだろう。

陸上競技からのフィードバック

　こうした進化は陸上競技だけではなく、どのスポーツにおいても求められていることは前にも説明した。スポーツ全般におけるスピードへの関心の高まりにともない、陸上競技におけるスピードを養うトレーニングがその他のスポーツ種目にも活用されることが望まれている。これまでも、陸上競技の指導者が球技などのスポーツ選手へ走り方の指導をしたり、陸上競技のトレーニングを取り入れたりといったことは実際に行なわれてきた。しかし残念ながら、こうしたことが継続的に行なわれているケースはまだまだ少ない。また、それらのトレーニングの導入による効果についても、良い評判が頻繁に聞こえてくるわけでもない。その理由としては、トレーニングの置き換えが上手くいかなかったことが挙げられる。こうしたケースで大切なのは、陸上競技のトレーニング

をそっくりそのまま、その他の種目のトレーニングで実施しないということである。その理由としては、陸上競技は走るためにすべてのトレーニングを行なう。つまり、トレーニングの内容は走ることに特化しており、様々なトレーニングバリエーションも走る能力を改善することだけに費やすことができる。走ることのために、技術のトレーニング、筋力トレーニング、そしてもちろん走るトレーニングを行なう。時間的にも内容的にも走る能力を向上させることだけに集中すればよいのである。しかしその他の種目においては走ることだけにトレーニングの内容および時間を費やすことはできない。球技を例にとると、ボール技術のトレーニング、戦術のトレーニングや、筋力トレーニング、走るトレーニング、アジリティトレーニングといったフィジカルトレーニングなど多種多様なトレーニングが必要である。このようなトレーニング項目の多さを考えると、陸上競技のように「走る」ことだけに時間を割り当てていくことはできない。そうなると、多くのトレーニング内容が陸上競技とは違ったケースになる。

どのスポーツ種目にも言えることだが、トレーニングの基本的な考え方として、「陸上競技であれば走る」「サッカーであればサッカー」「野球であれば野球」と、それぞれの種目におけるプレーそのものを行なうことが最良のトレーニングである。こうした考え方から、球技において、走ることがトレーニングの主役になることはあり得ない。そして、その種目自体のトレーニングに多くの時間を割くことは必要なことである。こうした条件を考えると、ただ走る練習をしたり、陸上競技のトレーニングを球技における走るトレーニングにそのまま取り込むことには、多少なりとも問題が生じることもわかるだろう。陸上競技とその他のスポーツ種目では、トレーニング全体のバランスの中で走るトレーニングの時間的な割合が大きく異なるのである。こうした条件の違いは、走るトレーニングの内容を考える際に大きな影響を及ぼす。陸上競技よりも少ないトレーニング回数および時間の中で速く走ることを追求しなくてはならないのだから、アイディアを駆使しなくてはならない。こうした点で陸上競技のトレーニング方法に対する考え方とは多少の違いがあるし、その内容も相当の工夫をする必要がある。こういったところに、陸上競技とその他のスポーツにおける走るトレーニングの違いが存在している。

このような違いに気付かずにトレーニングを行なえば、望むべき効果も得ることはできず、スピードや持久力といった能力も向上しない。つまり、走ることだけに注意が注がれてしまうと、その種目の本来のトレーニングのバランスが崩れ、走れるように

なったとしても、プレー自体の向上にはあまり役に立たない可能性が高くなるのである。だからこそ、その種目に必要とされる多様なトレーニングをマネジメントし、その中で最大限の効果が出るように走るトレーニングを行なわなければならない。

　先に説明したように、陸上競技のトレーニングそのものをその他のスポーツに移植することは無理な話である。また陸上競技の専門家の考え方を全面的に受け入れることも難しい。だからといって、「陸上競技と球技の走り方は違う」といった考え方を持ったり、今までの経験や価値観に縛られたトレーニングを継続するだけでは、パフォーマンスの向上には結びつかない。そこで走るトレーニングの基本を押さえつつ、各種目に適したスタイルを新たに生み出す必要がある。つまり、陸上競技とその他のスポーツ種目の考え、トレーニング方法を融合させることが重要であり、スポーツのグローバル化を図ることが1つの方向性になるだろう。速く走る技術は変わることのない基本的な技術である。こうした基本を崩さず、その種目に特化した方法でトレーニング内容を構築していくことが必要とされている。このような考え方を持って走るトレーニングに取り組むことが、走りのパフォーマンスを上げていくことに繋がるだろう。

Chapter 1-4 >>
走り方について

走る技術

　走る能力を向上させるためには、走り方を覚える必要がある。速く走るというと、「力を出して走る」「速く手足を動かす」といった抽象的な表現が先行する。しかしこれでは、大変曖昧であり、走る能力に関する適切な方法を示しているとは言い難い。そこで、考えなければならないのが、「走りの技術」である。速く走るために「どのように体を使ったら良いのか」ということを考え、そして覚えることが大切である。「力を出す」とか、「速く動かす」といったことは、あくまでも基本的な走りの技術の効果を高めるための表現である。だから、まずは速く走るための技術を身に付けることが第1歩であり、これをベースに発展させることが、走る能力を向上させていくためのプロセスである。

走る能力を向上させるポイント

　陸上競技において走る能力を向上させるには2つの大きな柱がある。1つめは走りの技術を追求すること。2つめはトレーニングの負荷を工夫することである。現在は技術の追求よりもトレーニング負荷の方に重点が置かれているケースが多い。これは、科学的データの反映方法や日本のトレーニング環境に影響を受けているからである。どのスポーツにおいても科学的トレーニングが積極的に導入され、研究などによって分析された結果やデータを活かしながらトレーニング全般が行なわれている。トレーニング負荷を考案する際にはこれらのデータを反映させやすい。走る距離、タイム、レストの時間、ウェイトトレーニングの方法などを考える際には医学的要素を反映した科学的根拠が必要になる。またトレーニング負荷による効果も数字によって表れ、客観的な判断がしやすい。それによってトレーニングに対する評価も明確で、選手も指導者もトレーニングについての議論もしやすくなる。これに対して技術の追求はわかりにくい点がいくつかある。速く走る技術に関しても多くのデータが集積され、科学的分析によって速さを生み出す技術も明らかにされてきている。しかし、走る技術に関する科学的な分析結果をトレーニングに反映させることは非常に難しい。解明された技術を体で表現することは単純な作業ではないからだ。また、選手一人ひとりに個性があり、身体的特徴は異なったものを持っている。そうした個性を考慮しつつ、必要とされる技術を身に付けるためのトレーニングにはかなりの工夫が要求される。身長や体重、手足の長さといった体の構造や、筋力やバランス感覚、柔軟性、コーディネーション

能力といった身体能力などによって、トレーニングに対する反応や効果が大きく異なるし、またコミュニケーション方法によってイメージも大きく異なる。したがってトレーニング負荷と比べ、トレーニング効果の予測も難しくなる。また選手自身の感覚に大きく依存するということも特徴であり、指導者からのアドバイスも個別に行なう必要性がある。そして、トレーニングに対する評価が選手による主観的な面と、指導者による客観的な面によって行なわれ、この2つの評価の融合も大変難しい。こうした特徴から、時間と労力が必要とされるトレーニングになる。また日本のスポーツの練習環境に目を向けると、1つのチームに対して1人の指導者というのが主な状況であり、指導者の目が選手一人ひとりに向けられるような環境ではない。そうなると、個人種目であろうがチームスポーツであろうが、個別のトレーニングメニューを作成することは困難であり、チーム全体が同じトレーニングメニューを実施せざるを得ない。このようなことを踏まえると、トレーニング負荷を工夫することが指導の優先事項になり、走る技術に対しての着目が薄れてしまっている。しかし、本当に速く走ることを突き詰めるのであれば、技術を身に付けることが大前提になる。トレーニング負荷によって一定のレベルまでには到達することができるが、技術を身に付けながら負荷をかけた方が、効果はさらに大きくなる。つまり、同じ走るトレーニングを行なっても技術がある選手とない選手ではその効果には大きな差が生じるのである。したがって、技術のある選手と技術のない選手では、練習をしていても差がどんどん拡大してしまうのである。これらの点を考慮すれば、トレーニング負荷ばかりを求めるのではなく、走る技術を重要視しなければならないし、最優先にするべきであろう。実力を上げるために、技術が大きな役割を担っているのである。

陸上競技と走る技術

　速く走るための技術を身に付けることは様々な効果がある。陸上競技においては、実力を安定させる効果がある。陸上競技の記録は天候に左右され、特に風の影響は大きい。追い風の中と向かい風の中では記録も大きく違ってくる。しかし、実力のある選手はどの条件下でもコンスタントに記録を出してくる。コンスタントに記録を出すためには、確かな技術を身に付けていなければならない。日本ではベスト記録ばかりが着目され、その記録を実力として判断をするが、海外ではベスト記録だけでなくコンスタントなパフォーマンスに対しても高い評価が与えられ、これを実力として判断する。日本人選手の場合、ベスト記録は世界レベルから見ても決して低くはない。しかし、試合によって記録のばらつきが大きく安定した記録を出せる選手が少ない。また海外の試合など、いつもと異なった環境下で記録が出せない選手も多い。一般的にベスト記録

を出すときは、天候、雰囲気、そして選手のコンディションがそろったときである。しかし、条件がそろわないことの方が普通であり、「条件がそろわないから走れない」といった考え方では競技力の向上にはつながらない。どのような条件下でも自分の力を発揮することが重要であるし、そのためにはいかなる状況でも発揮できる揺るぎない走る技術を身に付けることが要求される。また技術的なスタイルが確立されていると、自己能力の改善もしやすくなる。技術が1つの指針になり、これを基準として試合やトレーニングの評価や分析をすれば、課題の解決策も見つけやすい。逆に技術がおろそかになっていると、課題の発見も困難になるのと同時に的確な解決策が見つけにくくなる。こうした状況では、いくら努力に時間を費やしてもトレーニングの効果はなかなか高まらない。技術があることで、安定して速く走れるようになるのはもちろん、トレーニングの発展性に対してもプラスの影響を与える。だから技術は重要なのである。

その他の種目と走る技術

　陸上競技以外のスポーツにおいて走る技術が重要になるのは、ゲームの中で走りを自由自在にコントロールする必要性があるからだ。それぞれのゲームを分析すれば、走り続け、ダッシュを繰り返し、トップスピードから急減速、あるいはジョグから急加速、ステップやジャンプから走ったり、走りからジャンプやステップに入ったりと様々な走りによって構成されていることがわかる。したがって、単に「長く走れる」「足が速い」では対応できない。ゲームにおいて必要とされる走りを身に付けるには、速く走るための技術を獲得し、それぞれの走りの特徴に対応したトレーニングを実践しなくてはならない。速く走る技術には、様々な要素が含まれる。しかし速く走る技術における基本的な要素に関しては、陸上競技とその他のスポーツ種目における違いは存在しない。陸上競技では、速く走るための技術的要素の全てを身に付けるためにトレーニングを実施するが、その他のスポーツ種目においては基本的要素を身につけることが最低限必要とされる。速く走る技術の中でも基本的な要素を身に付け、その要素を多様な走りの局面で常に発揮をすることが必要である。様々な動作の中に走りの基本的な要素を落とし込まなければならず、走り方の柔軟性が求められるのである。このような点を考慮すると、陸上競技以外のスポーツ種目における走りは、「うまく走る」という概念を持った方が良いかもしれない。もしただ速く走れれば良いのであれば、優秀なスプリンターを陸上競技から転向させれば良い。だが現実としてそのようなことは不可能である。こうした事実を踏まえれば、速く走りながらいろんな動きに多用できる能力を持つことが求められるのである。それを可能とする考え方が「うまく走る」である。

Chapter 1-5 ≫ 走る技術と感覚

「うまく走る」ことの効果

　この「うまく走る」ことを実現するためには、陸上競技の選手よりも走る動作に対して追求しなければならない点がいくつかある。具体的には加速力やストライドの調整、リズムのコントロールといったことで、加速力に関しては陸上競技のスプリンターと同等かそれ以上の能力が必要とも考えられる。加速力はどのスポーツでも重要な能力である。陸上競技の100mにおける世界のトレンドは、1歩でも速くトップスピードに達し、そのスピードを長く維持することである。しかし、加速力だけで記録が決定されるわけではないため、加速力以外の部分に重点が置かれる場合もある。しかし球技の場合、5～10mという距離のスピードや加速力が重要であり、この能力が高ければ相手プレーヤーとの駆け引きにおいて有利になるためである。また様々な体勢からや、相手の動きに合わせたリアクション動作からも走り出し、加速しなくてはならない。そうなると、陸上競技のように正確な動作の繰り返しにおいて技術を発揮するのではなく、常に異なった多様な状況の中で加速するために速く走る技術を発揮しなくてはならい。このためには、陸上競技よりも器用に技術を発揮する能力が必要だ。
　ストライドの調整においても、陸上競技の場合は同じストライドをコントロールしながら走るが、球技では局面によってストライドを変えなければならない。ドリブルやボールを保持している局面では、走っているときとは異なるストライドになる。またステップやジャンプしてからの走りや、走ってからのステップやジャンプにおいても、ストライドを変化させて対応しなければならない。しかし、ストライドが変化しても速く走る技術を維持しなければならない。それができないと、スピードの低下やぎこちない動作を起こしやすくなる。
　そしてさらに、スピードやストライドの変化に伴いリズムも変える必要がある。急加速、急発進など、リズムの変化は非常に大きく、陸上競技におけるリズム変化よりも大きく極端である。リズムをコントロールすることで相手のマークを外したり、タイミングを外したりするわけだから、リズム変化をコントロールすることに対しても高い能力が要求される。リズムが変化しても、速く走る技術を維持しなくてはならない。もしこれができないと、スピードの変化がうまくできなくなってしまう。
　このような必要とされる能力から考えても、「うまく走る」能力をしっかりとトレーニングすることが重要だとわかるはずだ。そして、うまく走りながら移動できれば、走ること自体が次のプレーに対するウォーミングアップの役割も担い、プレー自体の質を上げることにも貢献する。つまり、速く走る技術が全体的な動きや次のプレーの質を向上させ、そしてパフォーマンス全体の向上にもつながっていくのである。そのためには陸上競技選手と同様に、速く走るための技術の基本的要素を身に付けることが必要であり、速く走る技術もボールを扱う技術と同じようにトレーニングを積むことが求められる。

感覚の重要性

　速く走る技術を身に付けるためにはトレーニングを積むことは当たり前だが、具体的なトレーニングの内容の善し悪しを検討するよりも最も重要なことがある。それは感覚である。この感覚とは選手自身の身体的感覚のことであり、この感覚を持っていないと、速く走るための技術を習得する際にも様々な問題が生じてくる。走ることだけでなく全ての動きにも共通することであるが、この感覚がないと、自分の動作を改善できないことが多い。感覚は年齢を重ねるほど重要になり、ジュニアの選手がシニアになって伸び悩む大きな要因として感覚の欠如が上げられる。良く耳にするプレ・ゴールデンエイジ、ゴールデンエイジといわれる年齢層がある。プレ・ゴールデンエイジといわれる年齢層は6〜8、9歳頃で、神経系の発達が著しく進み、体の神経回路が急ピッチで構築される。そしてゴールデンエイジは9〜12歳くらいの期間であり、神経の発達がほぼ完成に近づくと同時に、あらゆる動作を短期間で覚えることができる「即座の習得」が可能な発達段階である。

　こうしたプレ・ゴールデンエイジおよびゴールデンエイジと言われる時期に多様な動作を経験させ、多様な動作をコントロールする神経回路を形成することが重要である。それによって、体の巧緻性が養われ、将来のパフォーマンスの向上にも大きく影響を及ぼす。そしてそこで身に付けた動作を意識しながら動かせるようになることによって、発育発達段階に沿ったパフォーマンスの向上を目指すことが可能となる。日本のスポーツにおいて、プレ・ゴールデンエイジやゴールデンエイジのトレーニングの重要性に関しては充分認識されるようになったが、未だ欠けているのは、子どもの頃に習得した多様な動作を意識しながらコントロールする能力を養うことである。このコントロールする能力は感覚が無ければ成り立たない。ゴールデンエイジを過ぎた年齢になると思春期を迎え、身体的成長期を迎える。そして、急に身長が伸び、骨格も筋肉も発達をし始め、子どもから大人へと体格が成長していく。この時期における急激な身体的成長によって、それまでとは全てのことが異なっていく。視覚的な変化による空間認知のズレ、また急に手足が伸びたことによって動作にも違和感が生じるようになる。こうした成長による変化の過程において、神経回路として残っている動作を修正し再現していくためにも感覚の養成が必要である。そこで、中学生になったぐらいからトレーニングの要素の中に感覚を養うことを導入すべきである。

感覚を養うためには

　では具体的にどのようにすれば良いのか。まずは選手自身がどのように自分の体が動いているかを感じ取ることである。例えば走る動作で、「どの体の部位を使ってもも上げしているのか」「腕を振る際にどれくらい力が入っているのか」などである。こうした自分の動作の仕組みをイメージしなくてはならない。そしてイメージと自分の動作が一致しているか確認する。こうした作業をどの動作でも繰り返していかなくてはならない。そうすることで、動作の仕組みに対して自分の体がどう動いているか感じられるようになる。何となく動くのではなく、感じながら動作を行なうことによって感覚が養成される。だから例えば、どうやってお箸を握っているのかとか、椅子に座るときはどうやっているのか、といった日常生活の動作について考えることも感覚の養成につながる。もう1つは、感覚を使って体の部位を動かす能力である。技術の改善を行なう際、体をどう動かすのか、ということがテーマとなる。求める技術に必要な動作を行なう際、その動作を行なう体の部位が動かないと技術の改善に結びつかない。頭の中で描くイメージや具体的なフォームに対して、体がそれと合致するように動くことで新たな技術の習得、既存の技術の改善につながっていく。そのためには選手自身が自分の体を思い通りに動かせるようになることがベストである。そうすれば技術的な部分のトレーニングはスムーズに進むし、技術の精度を上げることもできる。

　速く走る技術は単純な動作であるが、これを高度なレベルで正確に行なうことは非常に難しい。特にスピードのレベルが上がれば上がるほど、技術の正確性を保つことは困難になる。このような難しさの中でも感覚が重要な役割を果たし、技術を正確に発揮できる力が要求されるのである。こうした感覚を養うには、技術全体をまとめて覚えるのではなく、その技術を構成する細かな要素であるスキルに着目することが大事である。各スキルの質を上げ、様々なスキルを組み合わせるコーディネーションというスキルを磨くことで技術の質が上がる。こうした様々なスキルの向上に対して絶対的に必要になるのが感覚である。身体的感覚が磨かれることによってスキルの質が向上し、そして技術の質も上げることができる。自身の体をコントロールできる感覚を養成することが選手の成長を促す。

感覚を養う環境

　この感覚は選手の個性であり、選手自身が自分でつかみ取らなくてはならない。人からの指示に従って動かすだけではなかなか身につかないものであり、自らの体と頭を使わなければならない。指導者は客観的な意見を述べることができるが、その客観的意見を自らの動作に取り入れることは選手の作業である。また選手自身が感じる主観的な意見も非常に重要であるため、指導者からのフィードバックだけではこのプロセスは成り立たない。最近の日本のスポーツを見てみると、教えすぎの傾向が多く見られる。選手達が考え、感じる前に指導者が全てを説明したり、トレーニング内容の成否を判断してしまうケースが多い。端から見れば熱心な指導とか、勉強している指導者として映り、これが良いことだと評価をされている。しかし、感覚を養うという点に対しては、これらの指導方法はオーバーコーチングとして適切であるとは言えない。一方的に教わるという環境では、感覚を養うことはできない。選手が教わるだけでなく、自ら考え行動しなければ感覚を身に付けることはできないし、技術の習得においても不完全なものになってしまうであろう。だからこそ選手自身が身体的感覚を身に付けることが必要であり、こういったことのために選手の意志を反映させるようなトレーニング環境を準備しなくてはならない。

　感覚を磨くことは速く走る技術を身に付けるためには必要な要素であり、同時に、運動神経全般の向上に対しても有効である。自分の体の動きに対する感覚があれば、どのような技術に対しても対応できるようになる。そして走ることはどのスポーツにおいても重要であり、先に述べたように、球技などはプレー時間の多くを走ることが占めている。つまり走ることに対しての感覚があれば、各種目の固有のプレーにおいても感覚を使えるようになるであろう。プレーのときだけ感覚を用いるよりも、走ることも含めたゲームの全ての時間内において感覚を持つことができれば、全ての動作の質が向上する。こうした点からも、走る際の感覚は重要なのだ。

| Chapter 1-6 | 速く走るための基礎技術 |

　いかなるスポーツ種目においても走ることは重要であり、速く走るためには技術が必要だと言うことをここまで説明してきた。そして、そこには絶対的な基礎があることも説明してきた。ではこの基礎とはなにか？　それは3つあり、1つ目は「姿勢」、2つ目は「リズム」、そして3つ目は「股関節」である。
　これから、この3つについて順を追って説明していきたい。

姿勢の重要性

　走るのが遅い選手に多く見られるのは、猫背で重心が低く、バタバタ走るといった姿である。原因としては、視線の位置の問題が挙げられる。下を向きながら走ると悪い姿勢になってしまう。球技においては、手元や足下のボールばかりを見ると背中が丸くなり、「腰を落として走る」という指導が根強くされてきていることも姿勢が悪くなる要因の一つとして考えられる。これでは速く走ることはもちろん、うまく走ることは難しい。日本人は欧米諸国の人に比べて姿勢が悪く、我々日本人は胸を張っていると「態度が大きい」とか「偉そう」などと言われ、体を小さくして悪い姿勢を取ることを習慣づける

＜猫背＞
背中全体が丸みを帯び、視線が下がることで頭が前方に出ている。悪い姿勢の代表格といえる

＜猿肩＞
肩甲骨が前に出て、猿のように肩が体のラインよりも前に出ている姿勢。ゲームやパソコンの普及により、大人から子どもまで広く見られる

ような風潮もある。最近多く見かけるのは、肩甲骨が前に出て、大胸筋などの胸の部位が緊張し、肩が自分の体のラインよりも前に出てしまっている姿勢だ。これは「猿肩（さるがた）」とも呼ばれており、背中全体が丸みを帯びている猫背と同様に悪い姿勢の代表例である。こうした姿勢では手が真上まで上がらず、手の動きを制限する。これでは走るときに腕を振ることによって姿勢を崩し、速く走れなくなる可能性が高い。猿肩や猫背のように上半身の姿勢が悪くなると骨盤が後傾しがちになり、重心は後方に移動してしまう。そうなると前方方向に進むことが主な目的である走るという動作全般に対してマイナスの影響を与えることがわかる。また骨盤が後傾するので股関節の動きも制限され、脚の動きにもマイナスの影響を及ぼすし、また体のバランスも悪くなる。そうなると歩くときも不安定になり、当然のことながら走ることにも悪影響である。そして、姿勢が維持できないと重心の位置を高く保つことができずエネルギーロスが多くなってしまい、すぐに疲労もたまる。つまり、姿勢が悪いことは、「百害あって一利なし」である。走りに必要な姿勢の基本は「気をつけ」の姿勢である。この「気をつけ」の姿勢で重要なのは上半身であり、どの体勢になってもこの姿勢を崩さないようにすることが、走り全般において効果的な働きをする。正しい上半身の姿勢は、体幹であるみぞおちから骨盤の中心部にかけての部分を上下に引き延ばすようにすることである。これを例えると、身長を測るときの姿勢と言えばイメージしやすい。この姿勢では自然と腹筋や背筋を使い、無駄な力を入れずに体幹が安定し、そして体全体を安定させることができる。こうした姿勢によって、腕も大きく使えるようになる。陸上競技のトップスプリンターは、胸を張って背中を伸ばす姿勢をスタートからゴールまで崩さず走る。中・長距離のトップ選手においても、胸を張り背中を伸ばした姿勢を維持して走っていくのである。球技における一流選手の姿勢を思い浮かべて欲しい。野球の一流ピッチャーやバッターは姿勢が良いし、サッカーの一流選手でも、走り、ドリブル、相手との接触といったどの局面でも良い姿勢を崩さずにプレーしている。また高くジャンプできる選手も素晴らしい姿勢を保っている。彼ら一流選手のパフォーマンスが姿勢の重要性を証明している。どのような状況でも良い姿勢を保てることが良い走りを生み出す。これは持久力、加速力、トップスピードの維持など走る能力の全てに対して有効であり、体幹が安定しバランスを取ることが可能になって、ステップワークの速さ反転、接触プレーなどにおけるボディバランス、そして視野の確保にもプラスの効果を生み出す。だからこそ、ただ単純に頑張って走るのではなく、良い姿勢を崩さずに走ることが必要である。

姿勢を意識する

　正しい姿勢を身に付けるには、どの走りの局面、トレーニングでもこれを意識することが必要不可欠である。体幹トレーニングと称して様々なトレーニングが考案されているが、残念ながら、体幹の強さの重要性は理解されていても、体幹トレーニングによって腹筋や背筋を鍛える目的が正確に理解されているとは言いがたい。体幹の筋肉は姿勢の保持に対して役立つのである。走る、跳ぶ、止まるなどの動作のパフォーマンスを高めるには、姿勢を崩さずにバランスを維持することが大切だ。言い換えれば、どんな体勢でも姿勢を崩さないということだ。しかし立っているときに比べ、走ったり、跳んだりといった動作においては移動による負荷がかかり、姿勢を維持し続けることは難しい。こうした負荷がかかった状態でも姿勢を維持するために、体幹トレーニングによって強化するのである。また体幹トレーニングで強化した腹筋や背筋を姿勢の維持につなげなければならない。そのためには普段の生活から正しい姿勢を意識し、それが自然な姿勢になることが必要である。つまり、トレーニングのときだけでなく、朝起きて夜寝るまでの全ての時間においてその姿勢を保つことが重要だ。姿勢に対する意識を常に持ち、自分の姿勢をセルフチェックしなくてはならない。そして姿勢を維持する時間が延びるように努力し、最終的には正しい姿勢が普段の姿勢となるようにすることがベストである。これによって姿勢のためのトレーニング時間も省略でき、他のトレーニングに時間を割くことができる。またトレーニングの質も向上させることができるので、大きなメリットを得ることができる。

走りとリズム

　前に説明したように、速く走る、長く走るということに対し、多くの人は「頑張って走る」「力を入れる」「我慢をしながら」「苦しさに耐えながら」という抽象的なイメージを持つと思う。しかしこのように走るよりも、リズミカルに走ることの方が速く走ることに効果的である。リズムをつかめば、無理なく効率的に大きな力が生まれ、スピード、持久力の向上につながる。リズムと走りの関係が最もわかりやすいのは、走るテンポやスピード

についてである。ジョギングのときと80％のスピード、そして全力疾走のときでは腕や脚の動くピッチが大きく異なるはずである。つまり、スピードによって、走るときのリズムが異なるのである。だから、我々は走るときにはパワーの出力と共にリズムによってスピードを変えているのだ。スピードアップをするときは体を動かすリズムを上げ、減速したいときはリズムをゆっくりするといったようにコントロールするのである。だが、スピードアップするときにはリズムアップとパワーの出力のバランスが大事だ。通常はパワーを優先させたくなるが、実際にはリズムの方が大事である。パワーを発揮することだけに集中してしまうと、走る姿勢を崩し、バランスを失いやすい。そうなると、どれだけパワーを出しても空回りして推進力につながらない。こうした状態では、パワーを出すことがスピードにつながらず、疲労だけが蓄積される。これに対してリズムの方がスピードアップに対して効率がよい。まずはリズムをコントロールすることを優先し、その後からリズムに合わせてパワーを発揮する方が、バランス良くなるだろう。前の章で説明した姿勢を保っていれば、リズムを上げていくと推進力がスムーズに向上し、スピードアップにつながる。この状態ではパワーのロスも少なくなり、体全体がスムーズに動くことができる。そうなれば、自身の動作を楽にコントロールすることが可能になる。実際に、陸上競技の選手が自己記録を出すとき、「気持ちよく走れて楽だった」とか「力が入っていないのに進んだ」といったコメントが多い。つまり、パワーを出すことよりも他の要因が優先されて記録が出せたことを表している。また、トップレベルの選手はリズムをコントロールするのも大変巧く、非常に細かくスピードをチェンジすることができる。例えば、100mを15秒5で走るという設定が与えられれば、正確にそのタイムで走ることができる。これはペースをリズムでコントロールする力が備わっているからである。つまり走る能力を向上させるにはリズムをコントロールする能力が不可欠であるということである。球技などのスポーツにおける走りを見てもリズムが重要なことがわかる。スムーズなステップやジャンプといった動作は非常にリズミカルである。もし走りからステップやジャンプなどの動作に移行するときに走りのリズムが悪ければ、その後の動作もリズミカルには動かない。そうなるとぎこちないステップやジャンプになり、相手との勝負において負ける可能性が高くなる。こうした点からも、球技などでもリズムをコントロールした走り方が必要である。

リズムの作り方

　リズムを生み出す方法について話を進めたい。まずはリズムをイメージすることから始める。具体的には、自分の走りたいスピードに合う手脚のリズムをイメージすることである。そして次に、そのイメージに合わせて頭の中でリズムのカウントをする。例えば「1,2、1,2‥‥」や「タン、タン、タン、‥‥」などである。そして頭の中でカウントしているリズムに合わせて体を動かしていく。この体を動かす際のポイントは腕振りともも上げである。この2つの動作をカウントに合わせて行なうことが重要である。そしてリズムのコントロールに対し、主として腕振りが重要になる。最初に、頭の中でカウントしたリズムで腕を振ることがポイントである。腕振りの機能は走る際のリズムをコントロールすることである。走るという動作は脚を中心に使うのだが、腕振りによって脚の動きがより効果的になる。腕と脚の動きを比較すると、腕の方が確実に器用に速く動かすことができる。そのため、腕振りによってリズムをコントロールした方が速いピッチを刻みやすく、そして走るスピードの変化をつけ易くもなる。また、腕を振ることで体全体のバランス感覚が良くなり、姿勢の維持にも大きく貢献する。身体的コンタクトのあるスポーツなどでは、接触プレーなどでも転びにくくなる。このように腕を振って走ることは大切なのであるが、最近のスポーツ選手をみると腕を動かさない選手が多い。陸上競技においても腕振りをおろそかにして走る選手が多くなってきた。そのため、スプリント種目においてはダイナミックさに欠け、

一般的な足が地面についた瞬間に「1、2」とリズムを取る方法。ここでは左足がついた瞬間に「1」。右足がついた瞬間に「2」とリズムを取っている

反対に、太ももを上げた瞬間に「1、2」とリズムを取る方法。ここでは、右足を上げた瞬間が「1」、左足を上げた瞬間が「2」でリズムを取っている

加速力を最大限に発揮できない印象を得る。また中・長距離においては、一定のペースでは走れるが、ペースの変化をつけることは不得意である。この2つに共通しているのは、腕振りによるリズムのコントロールが巧くいっていないことである。これに対してトップレベルの選手達はダイナミックに腕を振り、自分の走りのリズムをコントロールしている。また球技の選手に目を向けると、腕を全く振らずに走っている様子も多く見る。実際に子どものスポーツにおいては、すぐに転ぶ子が増えているといい、これも腕振りをおろそかにしていることが大きな原因の一つとして考えられる。腕振りによって、走りのリズムをコントロールし、バランスを取ることを覚えなくてはならない。次に、脚の動きではもも上げの動作でリズムのカウントを取るようにする。脚によって力を出そうとすると、地面を蹴る動作や脚を振り下ろす動作を強調し、それによってリズムを取ろうとするのが普通だ。だがこのリズムの取り方だとバタバタと走り、推進力が上手く発揮されない。一生懸命走っているのに思い通りに進まないというときはだいたいこのような走り方をしている。こうした動きとは逆に、もも上げの動作でカウントを合わせると、脚の運びもスムーズになる。また股関節の可動域も大きくなり、走り自体にバネがあるような伸びやかな走りになる。伸びやかな走りをしていた方がリズムをコントロールしやすいし、またリラックスもしやすい。もも上げによってリズムをつかめると動作の連続性が生まれ、さらなるリズムアップも可能となる。さらに脚が動きやすくなることで、ダッシュからステップ、方向転換など、次への動作に移行しやすくもなる。だからこそもも上げの動作でリズムを取る必要がある。そしてスピードをアップするときには、もも上げのリズムにアクセントをつければよい。つまり、強くももを上げるようにするのである。そうするとよりはっきりとしたリズムが生まれ、さらにリズミカルに動けるようになる。また動作にメリハリがつくので、無理に力を入れなくても良い局面ができ、リラックスにもつながってくるのである。

　リズムに関してまとめると、イメージしたものをカウントし、腕振りによってコントロール、そして腕振りのリズムとももを上げるタイミングを合わせる、ということである。こうした一連のプロセスを通じて全身を使って走ることができる。そうすれば脚だけを使って走るよりも大きな力も生まれるし、全身でリズムをコントロールしていけば動きもダイナミックになり、結果的に大きな推進力にもなる。またリラックスしやすくなり、陸上競技におけるペース作りや球技における走りからのステップ、ジャンプなどの他の動作への移行もスムーズに行なえるようになる。最初は戸惑うかもしれないが、頭、腕振り、もも上げでリズムをコントロールしながら走ることを覚えて欲しい。

股関節の役割

　様々なところで股関節の重要性が伝えられている。トップレベルのスポーツ選手の腰回りに目を向けると、筋肉が大きく発達している。以前から「良い選手になるには腰回りが大きくならなければならない」と言われているのも、こうした理由からである。最近の多くの中高生を見ると、腰回りの筋肉が未発達である。これは股関節を使っていない証拠であり、姿勢が悪いことや歩き方が悪いことが原因である。シューズのかかとを鳴らしながら歩くことや、ズボンのウエストを下げて歩くことなどは股関節を使えなくする歩き方だ。「かっこいい」と思われていることがスポーツにはマイナスなことも多々ある。このような歩き方はどんな人でも股関節を使えなくする。こうした状況をトップレベルの選手と比較すると大きな違いであることは誰でも気づくことだろう。それぐらい股関節の働きはスポーツのパフォーマンスに対して重要な役割を果たしている。

股関節の機能

　股関節は体幹と下半身をつなぎ、直立するために大きく発達した関節である。また医学的な視点から見ると、「腰を下ろす」「腰を回す」といった動きは、実は股関節の動きである。また「腰を使う」「膝を使う」「足をさばく」というのも股関節の動きである。そして膝の曲げ伸ばしにおいても、曲がったり伸びたりするのは膝関節であるが、この動きに連動して必ず股関節も曲がったり伸びたりしている。このように多くの下半身の動きは股関節の動きと連動しており、したがって股関節の巧い使い方は体、特に下半身の巧い使い方のキーポイントになると考えられる。また怪我に対しても股関節の機能は強く関連している。スポーツヘルニアや恥骨結合炎などは、股関節と体幹が巧く連動しないことで腰や脚の付け根に負荷がかかることが原因の1つとされている。また膝の怪我などにも股関節が影響を及ぼす。股関節が使えず大腿部の筋力に頼る動きになっていると、膝に大きな負担がかかり、怪我を誘発する可能性が高くなる。つまり股関節が機能しないと、様々な怪我のリスクも高くなるのである。

股関節を使う目的

　脚全体の構造を考えれば、股関節から脚を動かす必要性がわかるはずだ。脚の関節には大きく、股関節、膝関節、足関節（足首）の3つがある。これらの関節周辺の筋肉量を見ていると、股関節周辺が一番大きい筋肉がついている。筋肉を自動車のエンジンに例えればわかりやすいかもしれない。3つの関節周辺の筋肉量の多い順に3,000cc、2,000cc、1,000ccのエンジンとイメージすると、股関節が最も大きいエンジンということになる。そして脚を使って大きな力を出すとすると、どのエンジンが最大の力を発揮するだろうか。単純に考えれば3,000ccのエンジンである。つまり、周辺の筋肉量の多い股関節が最も大きな力を生み出せるのである。また関節の構造によってもその差は生まれる。脚の力を出すとき、一般的には膝の曲げ伸ばしによって作り出そうとする。しかし膝より股関節の方が運動可能な範囲が大きいため、股関節の方が大きな力を生み出すのだ。また脚をムチに例えればさらにわかるはずだ。ムチの力を最大限出すには、持ち手を動かしてムチの先に力を伝達しなくてはならない。これを脚に置き換えれば、股関節が持ち手で、足がムチの先である。したがって、股関節から大きな力を生み出して足先に伝えることによって、地面に大きな力が伝わることが分かる。地面に対して大きな力が伝われば、速く走ることにも大きく貢献する。だからこそ股関節を使うことが速く走る上で大変重要になってくる。股関節を使うことによるその他のメリットとして、腰の位置を安定させ、スムーズな重心移動を可能にすることが挙げられる。もし膝を中心的に使うようになると、膝の曲げ伸ばしを行なうことになる。それによって腰の位置が上下動し安定するとは言い難い。この動きを走りの中ですれば、進行方向に対して腰の移動は直線的に進まず、上下に動きながら進まざるを得ない。そうなると重心の移動距離も長くなり、進行方向への推進力も低下してしまう。そして、こうした動きによって、先に説明した姿勢の保持も困難になり、安定感を欠くことでスピードが上がらなくなる原因になる。こうした様々な要因から、股関節を使うことがどれだけ重要かが理解できるはずだ。

股関節を走りに活かす

　走る際の股関節は、主として前後に開脚する動作を行なうために使われている。より詳しく説明すると、もも上げの動作と振り下ろし、そして体全体を支持する動作の際に股関節が働いている。脚を動かす際には、股関節を中心に脚全体の動作を作り出すということであり、股関節から動かし始め、その後膝関節および足関節が連動して動いていくというプロセスを意味する。つまり、走る際にはもも上げ動作や振り下ろし、支持動作を股関節から動かすことが正しい動かし方である。例えば、脚の動作のフォームが同じだとしても、主として使う関節が異なれば脚の動きが生み出す推進力には大きな差が出る。そして、走る動作において最初に行なう股関節の動きがもも上げである。なぜなら振り下ろし動作は、ももを上げなければできないからだ。もも上げ動作をすれば必然的に振り下ろし動作に連動していく。そしてもも上げ動作では、股関節から動かし始め、股関節の前方への開きが大きくなるように意識し、膝を進行方向に突き出すようにももを上げる。もも上げというと「膝を高く上げる」というイメージだが、前方に開脚することで推進力が進行方向に作用し、スピードを生み出す。もも上げ動作によって脚の動きのリズムを合わせることが重要だと説明したが、これに対しても、アクセントがつくように強く股関節から動かし始める意識が必要だ。そして股関節が前方に大きく開いたところから振り下ろし動作が始める。このときも股関節を始点として脚を動かすようにする。もしこの動作を膝関節中心に行なうと、膝が早いタイミングで伸び、振り下ろし動作のスピードが低下する。そうなると地面へ伝達される力が弱くなり、推進力が落ちて速く走ることに対してマイナス要因になる。

　このことから、股関節を中心に振り下ろし動作を行なうことの意義がわかると思う。股関節による振り下ろし動作をするには、もも上げ動作で最も膝が前方に位置しているところから、かかとが臀部の真下にくるように振り下ろす。そうすると、股関節を中心に動き、膝が速く伸びることを防げる。そして振り下ろし動作から自分の体を支持する動作へ移行するが、この支持動作では自分の脚がなかなか地面から離れないようにする。できれば親指の爪の先が最後まで地面から離れないようにするイメージが大切だ。またこのときに膝関節や足関節の曲げ伸ばしが行なわれると重心の上下動が起こり、姿勢の安定感が失われることが多い。そうなると推進力の方向も上下動し、速く走ることに対しては効果的ではない。だからこそ股関節を支点として自分の体を脚が離れる最後まで支えきることが大切である。またこのような支持動作と先ほどのもも上げ動作における股関節の前方への開きを合わせると、股関

節の前後への開きが大きくなる。そうなることで股関節が閉じる動作でも大きな力が生まれ、脚全体の動作によって大きな推進力が作り出される。また股関節を開く動作と閉じる動作に速さと連続性も加わり、ピッチの向上にもつながる。つまり、股関節を上手く使えると大きな力を出しつつ脚の回転数も向上できるのである。そしてこの股関節を使う脚の動作ができるようになると、脚だけでなく骨盤のねじれが起こり、さらに大きな力を発揮できるようになる。最近は骨盤の動きに注目が集まっているが、股関節と骨盤は連動するので、股関節の動きを大きく強くすれば骨盤も同様に動くようになる。このような動作の結果、腰周りの筋肉と呼ばれる骨盤および股関節周辺の筋肉が大きくなり、さらに出力が高まっていくのである。

　このように股関節を中心にして脚を動かすことは全ての脚の動作において重要であり、速く走ることにおいても全体に必要な技術であることがわかるであろう。そして単に速く走るために有効であるだけでなく、その他の脚の動作に対しても有効であり、ステップやジャンプ等への移行においてもスムーズに行なえるようになる。だからこそ、股関節を使うことを覚える必要があるのだ。

参考文献一覧（順不同）
- 日本生産性本部(2010)『レジャー白書2010 2020年の余暇 人口減少社会への挑戦』生産性出版
- 平成22年度全国体力・運動能力、運動習慣等調査　文部科学省
- デビッド・L・ガラヒュー（1999）『幼少年期の体育～発達的視点からのアプローチ～』(杉原　隆訳) 大修館書店
- 鈴木俊明(2004)「姿勢の見方ー観察と分析、そして『ストーリーを作る』」『月刊スポーツメディスン 16』p.6-10 (有)ブックハウスエイチ・ディー
- 征矢英昭(2004)「姿勢と脳ー姿勢の調整と脳の関係」『月刊スポーツメディスン 16』p.11-14 (有)ブックハウスエイチ・ディー
- 山本里佳(2004)「姿勢をどう作るか」『月刊スポーツメディスン 16』p.19-21 (有)ブックハウスエイチ・ディー
- 米倉加奈子(2004)「練習前に股関節のトレーニングを」『月刊トレーニング・ジャーナル 26』p.20-22 (有)ブックハウスエイチ・ディー
- 阿江通良(2005)「骨盤をうまく使うとが変わるのかースポーツバイオメカニクスの立場から」『月刊トレーニングジャーナル 27』p.12-15 (有)ブックハウスエイチ・ディー
- 橋本佳子(2005)「骨盤を軸にして正しく立つ」『月刊トレーニングジャーナル 27』p.24-27 (有)ブックハウスエイチ・ディー
- 渡会公治(2005)「骨盤と股関節ー股関節の動きをどう意識するのか、その方法はともに」『月刊トレーニングジャーナル 26』p.12-15 (有)ブックハウスエイチ・ディー
- NPO法人日本コーディネーショントレーニング協会(2010)『JACOT ライセンス教本ーコーディネーショントレーニングの理論と実践』
- 『公認スポーツ指導者養成テキスト　共通科目Ⅰ』財団法人日本体育協会
- 『公認スポーツ指導者養成テキスト　共通科目Ⅱ』財団法人日本体育協会
- 『公認スポーツ指導者養成テキスト　共通科目Ⅲ』財団法人日本体育協会
- 小林寛道(2010)「子どもの運動と心身の発達の視点」『体育の科学 vol.60 No.7』体育の科学社
- 阿江通良(2009)「幼児の動きの発達にはさらに何が必要かー日本体育協会『幼児期に身につけておくべき基礎的動きプロジェクト』からー」『体育の科学 vol.59 No.5』体育の科学社
- 工藤保子(2010)「運動あそびと子どものスポーツ」『体育の科学 vol.60 N0.7』体育の科学社
- 小林寛道(2009)「子どものからだと運動・遊び・スポーツ」『体育の科学 vol.59 No.5』体育の科学社
- 丹信介(2010)「発育発達に必要な運動の質と量」『体育の科学 vol.60 no.7』体育の科学社
- 伊藤静夫・森丘保典・青野博(2011)「子どもの運動能力の年代比較」『体育の科学 vol.31 No.3』体育の科学社
- 鈴木宏哉(2011)「成人期を見据えた子どもの頃の身体活動経験」『体育の科学 vol.31 No.9』体育の科学社
- 笹川スポーツ財団(2010)『スポーツ白書2010ースポーツ・フォー・オールからスポーツ・フォー・エブリワンヘ』笹川スポーツ財団
- 梅原淳(2008)『超実践　身体能力が劇的に変わる！バスケ筋』スタジオタッククリエイティブ

Chapter 2

ストレッチ

ここで紹介するストレッチは単なる準備運動として行なうのではなく、正しく走るための能力を向上させるために行なう。姿勢を維持するための背中周り、腕振りやリズムのための肩周り、そして股関節の柔軟性を鍛えることが重要となる。

CONTENTS

P36 **2-1** 背中周り

P39 **2-2** 肩周り

P44 **2-3** 股関節

警告　CAUTION

本書に記載されている内容は、プロコーチ監修の元に行なった内容を記事として再構成したものです。本書籍の内容を行なう上での安全等は、すべてそのトレーニングを行なう個人の技量や注意深さに委ねられるものです。よって、本書の内容に準じたトレーニング内容であっても、出版する当社、株式会社スタジオ タック クリエイティブでは実際にトレーニングした際に生じたケガ等に関し、その一切を保証いたしません。また、トレーニング中において発生した事故や器物の破損、損壊についても、当社では一切の責任を負いかねます。すべてのトレーニングにおけるリスクは、それを行なうご本人に負っていただくことになりますので、充分にご注意下さい。

Chapter 2-1 ≫ 背中周り

正しい走り(動き)方をマスターするためには、正しい姿勢を維持することが第一となる。ここでは背中を中心としたストレッチを行ない、背中周りの柔軟性の向上・維持、また可動域を広げる。全ての動きの基本となる姿勢を身につけるためにしっかり行なおう。

CHECK

曲げている膝の位置が、腰よりも低くならないように注意

伸ばしている側の肩甲骨が、地面から浮かないようにしっかりとつける

[①背中周りのストレッチ]

肩甲骨および腰周りの背筋をストレッチする。仰向けに寝て両手を肩の高さで横に大きく広げる。一方の膝を曲げた状態で腰をねじり、もう一方の脚はまっすぐに伸ばす。その際、膝はなるべく体から離れたところに持っていき、手で押すようにする。伸ばしている手の肩甲骨が浮かないようにして、曲げている膝の位置が腰の位置よりも低くならないようにする

[②背中周りのストレッチ]

背筋全体のストレッチを行なう。膝を両手で抱えて座り、背中を丸める。その状態から後ろに転がって背中全体を伸ばし、起き上がって元の座った状態に戻る。後ろに転がる際は、肩甲骨が浮くくらいまで大きく後ろに転がる。また転がった際に重心が左右にブレないように注意する

[③背中周りのストレッチ]

腰近辺のストレッチを行なう。立った姿勢で両手を肩の高さまで上げて、横に大きく広げる。上半身は正面を向けたままジャンプし、下半身を左右交互に捻る。手首の力は抜く。動作中は常に上半身の姿勢を崩さないように意識し、ジャンプおよび着地時には両足を揃える

Chapter 2-2 ≫ 肩周り

走ることにおいては、リズム良く大きく腕を振るために、肩周りの柔軟性が重要となる。特に腕を動かす場合は、肩の根本にある肩甲骨を上手に使えることが大事だ。腕だけではなく、肩甲骨（肩関節）から動かすイメージを持って取り組もう。

[①肩周りのストレッチ]

肩周辺のストレッチを行なう。立った状態で正しい姿勢（P50～53参照）を作る。一方の腕の肘を伸ばした状態で、反対側の手で肘を押さえ、肩から二の腕にかけて伸ばす。伸ばしている方の腕を胸につけるようにする。これを左右の腕とも同様に行なう。正しい姿勢を崩さずに、体が捻れないように気を付ける。伸ばしている方の腕は肩の高さに上げて、なるべく遠くをつかむようにする

[②肩周りのストレッチ]

肩および肩甲骨のストレッチを行なう。正しい姿勢を作って立つ。そして一方の腕の肘を頭の後ろに持っていき、反対の手で体の内側に向かって引っ張る。横から見たときに、肩のラインよりも後ろに肘を引くようにする。僧帽筋（肩から背中にかけて）を上に引きはがすように肘を引っ張り、姿勢を崩さないように注意する

[③肩周りのストレッチ]

肩および肩甲骨の周辺のストレッチを行なう。膝を立てて座り、背筋を伸ばして前傾する。一方の肩の外側を地面につけ、同じ腕の肘を伸ばす。このとき、顔は伸ばした腕と反対方向に向ける。肩が地面から離れないようにして、肘は肩の高さと同じかそれよりも高くする。上半身が左右に曲がらないように注意する

[④肩周りのストレッチ]

肩および肩甲骨のストレッチを行なう。正しい姿勢を作って立つ。両腕を上から下方向（および下から上方向）に回す。腕を回すときは、肘を伸ばして大きな円を描くようにする。また手首の力は抜いて、アクセントを入れて回す。常に姿勢を崩さないように注意しよう

[⑤肩周りのストレッチ]

肩および肩甲骨のストレッチを行なう。正しい姿勢を作って立つ。片方の腕は前回り、もう一方の腕は後ろ回りで、左右非対称に腕を振る。両腕が体の正面にくるときに、「前ならえ」の状態で腕が揃うようにリズムを合わせる。肘を伸ばしたまま大きく振り、腕および肩甲骨周辺がしなるように強く振る。また姿勢を崩さない

Chapter 2-3 ≫ 股関節

走ることに股関節が重要であることは、何となく理解していたかもしれない。本書では、具体的にどう重要であるかを解説している。股関節をしっかりと使えるようになる第1歩として柔軟性を高め、力強くかつ大きく動く股関節を手に入れよう。

[①股関節のストレッチ]

臀部のストレッチを行なう。両手を背中の後ろについて、膝を曲げて座る。このとき猫背にならないように胸を張る。一方の足首を反対側の膝の上に乗せる。背中を張ったまま乗せている脚に胸を近づけ、乗せている脚の太ももの外側を伸ばす。実施中は背中を丸めないで、お尻が浮かないように注意する

[②股関節のストレッチ]

臀部のストレッチを行なう。背筋を伸ばして座る。一方の脚は床につけ、反対脚は膝を立てる。寝かしている脚の膝の外側に、立てている脚がつくように脚組みをする。立っている膝を腕で自分の胸元に引き寄せ、脚の裏からお尻にかけてを伸ばす。このときも背中を丸めないように注意する

まっすぐ伸ばしたら、外側（写真上）、内側（写真下）も順に行なう

[③股関節のストレッチ]

股関節のストレッチを行なう。姿勢をまっすぐにして仰向けに寝る。一方の膝を腕で胸元に抱え込み、股関節を伸ばす。このとき、伸びている脚が左右にずれないようにして、膝を胸の高い位置に引き寄せるようにする。抱え込む脚の足首の角度は90°ぐらいに保つ。膝を内側、正面、外側と順に抱え込むことで、広い範囲を伸ばすことができる

[④股関節のストレッチ]

股関節のストレッチを行なう。うつ伏せになって両膝の内側と前腕を地面につけ、自分の体を支える。上半身は正しい姿勢を作る。この状態から腰を後ろに軽く引き、股関節の内側を伸ばす。実施中は膝および足首の角度が90°になるようにして、背中を丸めないように注意する

Chapter 3

動きづくり

実際に正しい走り方を身につけるための動きづくりを行なう。以下のメニューを通して、悪い走り方を正すことはもちろん、走る際にはどのような動きが重要なのか、自分の体をどのように動かすべきなのかを、頭だけでなく体で理解できるようにしよう。

CONTENTS

P50 **3-1** 基本の正しい姿勢
P54 **3-2** バランス
P62 **3-3** ブラジル体操
P68 **3-4** スキップ
P70 **3-5** ギャロップ
P72 **3-6** 四肢同調ジャンプ
P78 **3-7** もも上げスキップ
P84 **3-8** 片脚のもも上げ
P86 **3-9** 引き付け
P88 **3-10** シザース
P90 **3-11** もも上げ
P92 **3-12** バウンディング

スポーツに活きる！正しい走り方講座

警告 CAUTION

本書に記載されている内容は、プロコーチ監修の元に行なった内容を記事として再構成したものです。本書籍の内容を行なう上での安全等は、すべてそのトレーニングを行なう個人の技量や注意深さに委ねられるものです。よって、本書の内容に準じたトレーニング内容であっても、出版する当社、株式会社スタジオ タック クリエイティブでは実際にトレーニングした際に生じたケガ等に関し、その一切を保証いたしません。また、トレーニング中において発生した事故や器物の破損、損壊についても、当社では一切の責任を負いかねます。すべてのトレーニングにおけるリスクは、それを行なうご本人に負っていただくことになりますので、充分にご注意下さい。

Chapter 3-1

基本の正しい姿勢

P24～26で姿勢の重要性を説明したので、スポーツをするときや正しい走りのためには、正しい姿勢が大事だということは理解してもらえただろう。それでは、実際にどのような姿勢が理想的なのか、また正しい姿勢への直し方をここで説明しよう。

FRONT　　　　SIDE

[①正しい姿勢]

上半身は体幹（みぞおちから恥骨まで）を長く伸ばすような姿勢をとり、いかり肩にならないように肩を下げる。足はつま先をまっすぐにして、指2本分くらい空けて立つ。肩が体側よりも前に出ないように注意する

CHECK

これは前章で説明した悪い姿勢の代表格「猫背」だ。背中全体が丸まって、力強く素早い動きができない

こちらも前章で触れた悪い姿勢の「猿肩」だ。肩(腕)が身体の前に位置していて、腕を大きく使うことができない

Chapter 1 「走ること」と「運動神経」の関係

Chapter 2 ストレッチ

Chapter 3 動きづくり

Chapter 4 トレーニング(発展)

Chapter 5 様々なスポーツでの動き

[②正しい姿勢の作り方]

足はつま先をまっすぐにして、指2本分程度空けて立つ。手のひらを正面に向け、肘を伸ばして両手を上げる。このとき肘が耳の後ろにくるようにする。かかとを浮かさずにさらに2〜3cm程度高く伸ばし、両手が伸びた状態からゆっくりと真横に下ろしていく。腕を下ろす際は、斜め前にいかないように注意する

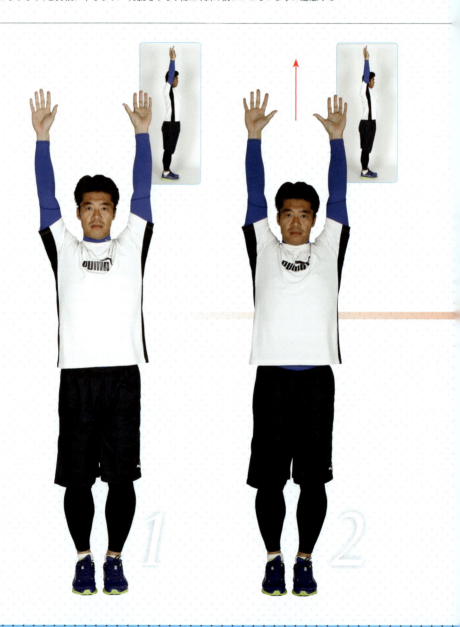

Chapter 3-2 》》 バランス

まず必要なことは、正しい姿勢を保ったままどのようにでも動くことができるバランス能力の獲得だ。そのためにつま先とかかととのそれぞれで、バランス良く立って動く方法を身につける。足先だけに注意するのではなく、体全体でバランスを感じられるようにしよう。

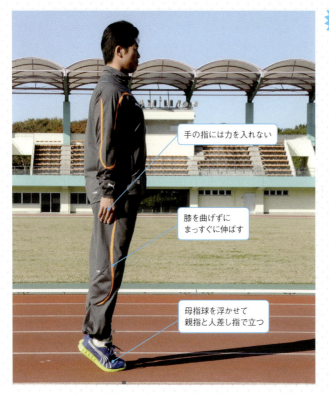

- 手の指には力を入れない
- 膝を曲げずにまっすぐに伸ばす
- 母指球を浮かせて親指と人差し指で立つ

CHECK

バランスが上手くとれるようになってきたら、片足のつま先立ちにもチャレンジしてみよう。注意点は両足と同じで、しっかりと正しい姿勢を維持すること

[①つま先立ち（30秒静止）]

スポーツに必要なバランスの取り方、バランスのとれた姿勢を覚える。正しい姿勢のまま、膝を伸ばした状態でつま先立ちをする。母指球も浮くぐらいで立ち、指だけで立つようなイメージを持つ。親指と人差し指だけで自体重を支える。上半身の姿勢が正しい姿勢から崩れないように注意して、一定の時間止まる。手の指に力を入れないようにして、膝を曲げずかかとの位置が徐々に下がらないように注意する

『P55 バランス - ②つま先立ち歩き』
http://youtu.be/tblhNqVbTk8

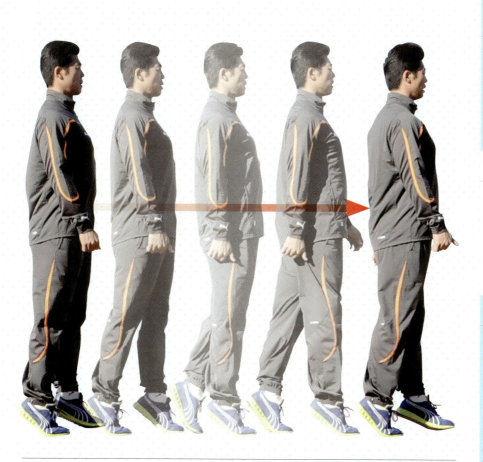

[②つま先立ち歩き]

次につま先立ちから、足の指を使ってバランスを保ちながら歩くことを覚える。正しい姿勢を崩さずに母指球が浮くらいつま先立ちをして、親指と人差し指で自体重を支えながら歩く。このとき膝は曲げないようにして、姿勢（特に上半身）も崩さないように注意する。また歩くうちにかかとが下がらないようにする。

▶YouTube
『P56 バランス - ③つま先立ち走り』
http://youtu.be/OFc39Sh1nLY

腕をしっかりと振って走る

[③つま先立ち走り]

歩くことができるようになったら、次に足の指を使ってバランスを保ちながら走ることを覚える。つま先立ち歩きと同じ動きのまま、しっかりと腕を振って走ること。走る際も膝を曲げないように、跳ねるようにして走る。またかかとが徐々に下がらないようにして、正しい姿勢を崩さないように注意する

CHECK

膝を曲げると体重が膝に抜け、姿勢も崩れてしまう。しっかりとつま先で自体重を支えるために、膝は伸ばしたまま走るようにする

こちらは一見すると正しいように見えるが、腕をしっかり振れていない悪い例だ。走ることは全身運動なので、全身を連動させて走るフォームを身につけよう

『P58 バランス - ④かかと歩き』
http://youtu.be/nfrf5NgDfNc

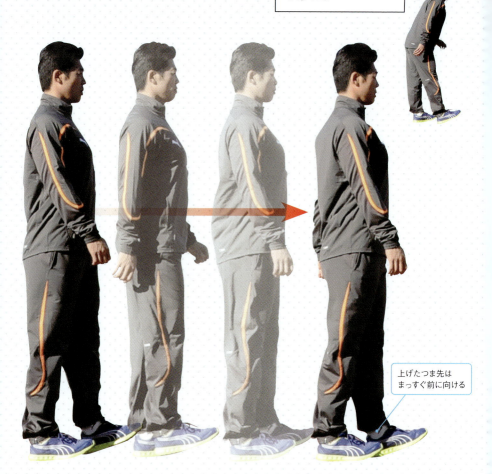

つま先を浮かせると腰が引けてしまう場合がある。これでは正しい姿勢を維持できないので、お尻を前に突き出すようにして歩くこと

上げたつま先はまっすぐ前に向ける

[④かかと歩き]

今度はつま先ではなくかかとで歩いて、骨盤を使って脚を前に動かせるようにする。つま先を上向きに上げて、かかとだけで自体重を支え、つま先はまっすぐにする。股関節を持ち上げるようにしながら足を前に出し、おしりを押されているようなイメージで歩く。かかとの場合も膝を曲げず、正しい姿勢を維持する。歩く際に、腰、おしりが後ろに引けないように注意する

『P59 バランス - ⑤かかと走り』
http://youtu.be/pdfQLgee2oo

しっかりと腕を振って走る

［⑤かかと走り］

かかとで歩くことができるようになったら、今度はその姿勢のまま走る。骨盤を使って脚を前に動かそう。かかと歩きと同じフォームを保ちながら、腕を振りながら走る。もちろん膝は曲げない。つま先ががに股にならないようにして、腰、おしりが後ろに引けないようにする

▶YouTube
『P60 バランス - ⑥かかと→つま先歩き』
http://youtu.be/EaDw7zeCNtY

1　2　3　4

かかとから接地する

膝を伸ばしてつま先立ちで次の一歩を踏む

1　2　3　4

[⑥かかと→つま先歩き]

つま先歩きとかかと歩きの両方ができるようになったら、それぞれを組み合わせて歩く。足の裏全体の使い方を覚え、自分の重心移動の感覚を足裏で感じられるようにしよう。かかとから地面に接地し、膝を曲げずにつま先立ちをするようにして歩く。つま先立ちの状態のときは、反対の脚は膝を上げ、もも上げと同様のフォームで歩く。このとき腕を振ってバランスをとる。特に上半身の姿勢を保つことに注意して、正しい姿勢を崩さないようにする。かかとの着地からつま先立ちへの移行をなるべく速く行なおう

『P61 バランス - ⑦かかと→つま先歩き（2秒静止）』
http://youtu.be/BW9TVKCOwK4

[⑦かかと→つま先歩き（2秒静止）]

次につま先立ちの際に2秒間静止して、重心移動の後にバランスを保てるようにする。かかとから地面に接地し、膝を曲げずにつま先立ちをするようにして歩く。つま先立ちの状態のときは、反対の脚は膝を上げ、もも上げと同様のフォームで歩く。そしてつま先立ちの状態で、姿勢を崩さずに2秒間程止まる。このとき腕を振ってバランスをとる。特に上半身の姿勢を保つことに注意して、正しい姿勢を崩さないようにする。かかとの着地からつま先立ちへの移行をなるべく速く行なおう

Chapter 3-3 ≫ ブラジル体操

ブラジル体操は様々なスポーツでウォーミングアップとして取り入れられている。運動前に体温を上げ、ストレッチとして関節の可動域を広げることはもちろん、本書で述べている走ることの重要性である「リズム」を意識して走ることにも有効だ。

1　2　3

7　8　9

『P62 ブラジル体操 - ①股関節内旋』
http://youtu.be/adV6gfBsF7o

[①股関節内旋]

股関節の可動域を拡大するために行なう。体の真横から正面に脚を動かすように、膝を外側から内側に回す。軸足は膝を曲げずに、つま先もまっすぐの状態に保つ。左右交互に、リズム良く脚を動かそう。脚を回すときはなるべく高く膝を上げ、大きな円を描くようにする。軸足のかかとが浮くぐらいアクセントを入れて強く膝を上げ、上半身は常に進行方向に向ける。また股関節から動かすと良い

膝を上げて脚を回す際はつま先立ちになるように大きく動く

POINT

股関節の柔軟性が不足していると、脚の動きに合わせて、体が左右を向いてしまう。体を正面に向けたまま行なえるようにしよう

[②股関節外旋]

股関節の可動域を拡大するために行なう。膝を軸足の膝の位置辺りの内側から外側に回す。軸足は膝を曲げずに、つま先もまっすぐの状態に保つ。左右交互にリズム良く動かす。脚を回すときは、なるべく高く膝をあげ、大きな円を描くように股関節から動かす。軸足のかかとが浮くぐらいアクセントを入れて強く膝を上げ、上半身は常に進行方向に向ける

脚を回す際は軸足のかかとが浮くほど大きく動かす

『P64 ブラジル体操 - ②股関節外旋』
http://youtu.be/Bn-i7heZ5fA

POINT

こちらの場合も、膝が向く方向に体が動いてしまうことがある。股関節から動かして、体は常に正面に向けること

[③脚上げ]

股関節の可動域を拡大する。膝を伸ばした状態で、脚を正面に高く上げる。軸足は膝を曲げずに、つま先もまっすぐの状態に保つ。股関節を大きく開くようにして、軸足のかかとが浮くぐらいアクセントを入れて強く膝を上げる。上半身は常に進行方向に向け、上半身の姿勢を正しい姿勢に保つ（前傾しない、後傾しない、猫背にならない）

[④脚上げ(横)]

股関節の可動域を拡大する。膝を伸ばした状態で、脚を真横に高く上げる。軸足は膝を曲げずに、つま先もまっすぐの状態に保つ。股関節を横に大きく開脚して、軸足のかかとが浮くぐらいアクセントを入れて強く膝を上げる。上半身は常に進行方向に向ける。上半身の姿勢を正しい姿勢から変えない（横に倒さない、前傾しない、後傾しない、猫背にならない）

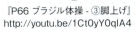

『P66 ブラジル体操 - ③脚上げ』
http://youtu.be/1Ct0yY0qIA4

『P66 ブラジル体操 - ④脚上げ(横)』
http://youtu.be/UjHfmf4r3Jc

Chapter 3-4 ≫≫ スキップ

スキップでリズム感を養い、腕を使うことを覚える。腕を前後に大きく振ってスキップする。実施している際は肘を伸ばし、手首の力を抜いて腕を大きく振る。拳が目線の高さに到達するまで、前後に大きく振ること。また膝もしっかりと高く上げて大きく動かす。

1　　2

5　　6

『P68 スキップ』
http://youtu.be/ivm0ZbqcjcI

手首の力を抜いて大きく動かす

脚を大きく動かして膝を高く上げる

Chapter 3-5 ギャロップ

リズム感を養い、もも上げのタイミングをつかむ。片脚で踏み切り、空中で前後の脚を入れ替えて逆脚で着地する動作を繰り返す。モノを跨ぐようなイメージで行ない、踏み切り脚は強く地面を踏むようにする。着地の際は脚を軽く地面に置くようなイメージで行なう。上半身は正しい姿勢を崩さないように、腕を振ってリズムをとること。

『P70 ギャロップ』
http://youtu.be/uZyrotPo0a0

Chapter 3-6 ≫ 四肢同調ジャンプ

手と脚の動きのタイミングを合わせるため、腕の動きと脚の開脚を組み合わせたジャンプを行なう。四肢とは手足のこと。タイミングが合うことで、生まれる力が大きくなり、全身運動の能力を向上させることができる。

『P72 四肢同調ジャンプ - ①揃えた状態→横に開脚』
http://youtu.be/CZuSucSFFww

[①揃えた状態→横に開脚]

両足をそろえた状態からジャンプして腕を真横に大きく動かしながら、横に開脚して着地する。着地の際に頭の真上で手拍子をする。次に腕を下ろして太ももの横を叩き、足をそろえて着地するようにジャンプする。手で太ももを叩くことで両手のタイミングを合わせる。手の位置が真上とももの横のときに着地すること。手を合わせるタイミングと着地のタイミングを合わせ、正しい姿勢を保持したジャンプを意識しよう

[②前後に開脚]

腕を真横に大きく動かして、前後に開脚しながらジャンプする。一度ジャンプした際に頭の真上で手を合わせ、次にジャンプしたときに太ももの横を叩いて両手のタイミングを合わせ、脚を入れ替えて開脚する。手の位置が真上と太ももの横のときに着地をすること。手を合わせるタイミングと着地のタイミングを合わせ、正しい姿勢を保持してジャンプする

▶ YouTube
『P74 四肢同調ジャンプ - ②前後に開脚』
http://youtu.be/2kNJESBw3Bg

4　　　　　　　　5

8　　　　　　　　9

[③前後と揃える動作の組み合わせ]

両足をそろえた状態からジャンプして手を真横に大きく動かし、頭の真上で手を合わせて前後に開脚して着地する。もう一度ジャンプしたときに腕を下げて、太ももの横を叩くことで両手のタイミングを合わせ、両足をそろえて着地する。足を交互に前後開脚することを繰り返す。手の位置が真上と太ももの横のときに着地をするようにすること。手を合わせるタイミングと着地のタイミングを合わせ、正しい姿勢を保持してジャンプする

▶ YouTube
『76 四肢同調ジャンプ - ③前後と揃える動作の組み合わせ』
http://youtu.be/Oqh0pN2TZb4

もも上げスキップ

Chapter 3-7

大きくももを上げるようにスキップを行ないながら、上半身の動きを加えることで腕の動きとももも上げのタイミングを合わせる。四肢同調ジャンプと同様に、手を叩くタイミングと足が接地するタイミングを合わせることを意識しながら行なう。

『P78 もも上げスキップ - ①腕を横に広げながら』
http://youtu.be/94ER9MbNQNs

[①腕を横に広げながら]

スキップのリズムでもも上げ動作を行ない、腕を真横に大きく動かす。頭の真上で手を合わせ、太ももの横をたたくことで両手のタイミングを合わせる。手の位置が真上のときに膝が最も高い位置にくるようにもも上げをすること。支持脚の膝と肘を曲げないで、正しい姿勢を保つ

[②腕を前後に振りながら]

スキップのリズムでもも上げ動作を行なう。腕を前後に大きく振り、腕が最も高くなったときに、膝が最も高い位置にくるようにする。腕振りともも上げのタイミングを合わせること。支持脚の膝が曲がらないように注意し、手首はリラックスして、肘を曲げずに行なう。拳が目線の高さにくるように大きく腕を振り、正しい姿勢を保つ

『P80 もも上げスキップ - ②腕を前後に振りながら』
http://youtu.be/VllvZ7QrHE0

[③非対称に腕を回しながら]

スキップのリズムでもも上げ動作を行なう。腕を一方は前回り、もう一方は後ろ回りに、非対称に大きく回す。拳が頭上で重なったとき、膝が最も高い位置にくるようにもも上げをする。頭上と体の真横で腕がそろうようなタイミングで腕を回すこと。支持脚の膝と肘を曲げずに腕を回し、正しい姿勢を保つ

『P82 もも上げスキップ - ③非対称に腕を回しながら』
http://youtu.be/LJT5k73i3ZM

Chapter 3-8 片脚のもも上げ

タイミングをつかむため、もも上げを片脚だけで行なう。支持脚は膝を伸ばして接地し、もも上げ動作の膝の位置が最も高くなるときと支持脚の接地が同時になるようにタイミングを計る。腕振りでリズムをコントロールすること。支持脚で地面を蹴ったり押したりしないで、支持脚の膝が接地して地面から離れるまで曲がらないように注意する。また正しい姿勢を保つこと。

『P84 片脚のもも上げ』
http://youtu.be/8HfqilXIIIA

Chapter 3-9 引き付け

もも上げ動作の強調とアクセントをつけた動きを覚える。普通のもも上げを基本的動作として、ももを上げる際に大臀筋とハムストリングの境目にかかとをぶつけるようにしてもも上げ動作を行なう。注意点は前傾姿勢ではなく、正しい姿勢を保持して行なうこと。かかとをぶつける際、つま先を伸ばすのではなく足首を90°に保って行なうこと。

『P86 引き付け』
http://youtu.be/M9ggwlUK4J0

Chapter 3-10 シザース

脚を体の前で動かすことを意識するために行なう。膝を伸ばしたまま、体の前に大きく振り出しながら進む。注意点は膝を曲げないことと姿勢が後傾しないようにすること、足首を90°のまま振り出すこと、脚を振り出す動きでリズムを取ることだ。

膝は曲げずに、大きく前方に向かって振り出す

『P88 シザース』
http://youtu.be/5V-7z2fLUg4

Chapter 3-11 もも上げ

走る基本の動作をまとめる。正しい姿勢を保ってもも上げを行ない、膝が最も高い位置のときに支持脚を接地させる。腕振りでリズムをコントロールすること。もも上げと接地のタイミングに注意して、ももを上げる動作で「1、2」とリズムを取る。また腕を振ることでもリズムを取り、体のバランスを保つ。速いピッチでなく、丁寧に動きを確認しながら行なう。

『P90 もも上げ』
http://youtu.be/3J_5TX7wJMo

Chapter 3-12 >>> バウンディング

走る動作のアクセントを強くし、出力を向上させる。片脚で交互にジャンプしながら進む。1歩1歩全力で大きく前へジャンプすること。ももを上げる動作も振り下ろす動作も意識して同時に行ない、脚の切り返し動作を行なう。正しい姿勢（特に上半身）を保ち、接地した際に膝が曲がらないようにする。腕を大きく振り、股関節の開脚動作が大きくなるようにする。

『P92 バウンディング』
http://youtu.be/uUUwUPtjPqU

Chapter 4

トレーニング（発展）

「動きづくり」で得た速く走るための動きを組み合わせて、実際の走る動作に落とし込んでいく。今までの動きを理解できていれば徐々にフォームを固めていけるはずだ。上手くいかない場合はもう一度動きづくりに戻って、ひとつ一つの動作を確認していこう。

CONTENTS

- *P96* **4-1** もも上げ
- *P102* **4-2** 引き付け→流し
- *P104* **4-3** シザース→流し
- *P106* **4-4** もも上げ→流し
- *P108* **4-5** もも上げ（3種）→流し
- *P110* **4-6** バウンディング→ダッシュ
- *P112* **4-7** ダッシュ（大股イメージ）

スポーツに活きる！
正しい走り方講座

警告　CAUTION

本書に記載されている内容は、プロコーチ監修の元に行なった内容を記事として再構成したものです。本書籍の内容を行なう上での安全等は、すべてそのトレーニングを行なう個人の技量や注意深さに委ねられるものです。よって、本書の内容に準じたトレーニング内容であっても、出版する当社、株式会社スタジオ タック クリエイティブでは実際にトレーニングした際に生じたケガ等に関し、その一切を保証いたしません。また、トレーニング中において発生した事故や器物の破損、損壊についても、当社では一切の責任を負いかねます。すべてのトレーニングにおけるリスクは、それを行なうご本人に負っていただくことになりますので、充分にご注意下さい。

Chapter 4-1 ≫ もも上げ

走りの基本動作と脚の動きをまとめる。また姿勢の保持と腕振りの重要性を理解するために行なう。ここから紹介する3つとも同様に、もも上げ動作で膝が最も高いときに、支持脚が接地するタイミングで行ない、上半身がぶれないようにバランスを保つ。

▶YouTube
『P96 もも上げ - ①腕を真上に上げて』
http://youtu.be/kqFsyv4giv8

[①腕を真上に上げて]

もも上げと接地のタイミングに注意し、ももを上げる動作でリズムを取る。このとき上半身がぶれないようにバランスを保つ。腕は肘を伸ばし、肘が耳の後ろの位置にくるように手を上げる。手首の力は抜く。速いピッチで行なわず、丁寧に動きを確認しながら行なおう

[②腕を真横に上げて]

正しい姿勢を保ち、腕を開いて肩の高さに上げた状態でもも上げを行なう。もも上げと接地のタイミングに注意する。ももを上げる動作でリズムを取り、上半身がぶれないようにバランスを保つ。腕は肘を伸ばし、手首の力は抜く。速いピッチで行なわず、丁寧に動きを確認しながら行なおう。

▶ YouTube
『P98 もも上げ - ②腕を真横に上げて』
http://youtu.be/7li5ftX6sR8

[③腕を後ろで組んで]

正しい姿勢を保ち、腕をお尻の後ろで組んだ状態でもも上げを行なう。もも上げと接地のタイミングに注意し、ももを上げる動作でリズムを取る。上半身がぶれないようにバランスを保つ。腕は肘を伸ばし、お尻の下で手を組む。速いピッチで行なわず、丁寧に動きを確認しながら行なおう

『P100 もも上げ - ③腕を後ろで組んで』
http://youtu.be/6RYFZVKz8qw

Chapter 4-2 ≫ 引き付け→流し

アクセントをつけたもも上げ動作による走りの習得を目指す。引き付けのもも上げからのイメージを残して、かかとを大臀筋とハムストリングの付け根にぶつけながら走る。実際の走りに移行する際には、姿勢を崩さず、つま先が伸びた状態でかかとをぶつけないよう注意。

『P102 引き付け→流し』
http://youtu.be/J0l1ndSHYFo

Chapter 4-3 ≫ シザース→流し

体の前でももを動かすことを意識する走りを習得する。シザースの動きのイメージを残して、接地したらすぐに足を前方に運ぶように走る。実際に走る際には、膝を曲げてシザースの脚の動きを行なうイメージ。姿勢が後傾したり、接地の際に膝を曲げないように意識する。膝を高く上げるのではなく、前に押し出すようにもも上げをして走る。

『P104 シザース→流し』
http://youtu.be/TaHqUYKFXLg

Chapter 4-4 もも上げ→流し

走りの技術をまとめた走り方を習得する。もも上げからのイメージを残したまま、膝の位置と接地のタイミングをドリルから走りに置き換える。ももを上げることでリズムをカウントする。走りに切り替わるところで、タイミングと姿勢を崩さないこと。そして膝を前に出すようにもも上げし、地面を蹴らないようにすることを注意する。

1　2　3

▶ YouTube
『P106 もも上げ→流し』
http://youtu.be/lc5BqA9wCU8

Chapter 4-5

もも上げ(3種)→流し

走りの技術をまとめた走り方を習得する。強い腕振りを身につけ、姿勢の保持を目指す。P96〜101と同様に腕を前、横、後ろに置き、もも上げから流しを行なう。膝の位置と接地のタイミングをドリルから走りに置き換え、ももを上げることでリズムをカウントすること。

[①腕を真上に上げて]

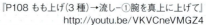
『P108 もも上げ(3種)→流し-①腕を真上に上げて』
http://youtu.be/VKVCneVMGZ4

1　　*2*　　*3*　　*4*

腕を真上に上げたもも上げ、腕を真横に上げたもも上げ、腕をお尻の後ろで組んだもも上げを行なう。それぞれ注意点は同じで、脚の動きイメージを残して走ること、走るときには普通に腕を振ること。そして走りに切り替わるところでタイミングと姿勢を崩さないようにすること、膝を前に出すようにもも上げを行ない、地面を蹴らないようにすること、腕振りを強くすることを注意する

[②腕を真横に上げて]

『P108 もも上げ（3種）→流し－②腕を真横に上げて』
http://youtu.be/ipU4WSLbfII

[③腕を後ろで組んで]

『P108 もも上げ（3種）→流し－③腕を後ろで組んで』
http://youtu.be/vj95NTn9rB4

Chapter 4-6 ≫ バウンディング→ダッシュ

走る際の大きなストライドを獲得し、加速力につながる動作を習得する。2〜3歩バウンディングしてからダッシュし、バウンディングの脚の動きをダッシュのときにも行なう。正しい姿勢を崩さず、股関節を大きく使い、腕を大きく強く振る。脚を前に出すことを強調する。

『P110 バウンディング→ダッシュ』
http://youtu.be/Mh-tODeRezg

Chapter 4-7

ダッシュ(大股イメージ)

加速力につながるダッシュ動作を習得する。前ページのダッシュ動作をスタートから行なう。開始はスタンディングスタートの姿勢からスタートする。股関節を前に開くように脚を動かし、腕振りを強くする。通常のダッシュよりも10cmほど前に接地するように意識する。最初の2〜3歩の動きを力強く行なうと良い。

『P112 ダッシュ（大股イメージ）』
http://youtu.be/EQ-QLK9jRRk

3　　　　　　　　　　　4

7　　　　　　　　　　　8

Chapter 5

様々な
スポーツでの動き

陸上競技を除けば、単純にまっすぐ走るだけのスポーツはない。ここでは正しい走りをベースとして、競技中の様々な動きを想定した走り方を解説する。また、ここで解説する動きが実際の競技ではどのような状況に当てはまるのかも実際の写真を通して紹介していく。

CONTENTS

- P116　5-1　ダッシュ(スタート)の局面
- P120　5-2　トップスピードの局面
- P122　5-3　サイドステップ→ダッシュの局面
- P126　5-4　クロスステップ→ダッシュの局面
- P130　5-5　バックステップ→ダッシュの局面
- P134　5-6　方向転換 (カーブ／スラローム)の局面
- P138　5-7　ジャンプに入るときの局面

Chapter 5-1 ≫ ダッシュ（スタート）の局面

ダッシュ動作を習得する。両足をそろえて立った状態からダッシュをする。立っているときは軽く膝を曲げる。最初の2～3歩のときに強く手脚を動かし、股関節を前に開くように脚を動かす。もも上げ動作によって脚を前に運ぶ。胸を張って正しい姿勢をとる。

急な動き出しに備えて膝を軽く曲げる

『P116 ダッシュ（スタート）の局面』
http://youtu.be/e4KhfQjMB7M

腕をしっかりと強く振る

しっかりともも を上げて
前方に進む

[ダッシュ（スタート）の実例]

実際のスポーツでは、攻守の切り替えやボールへのアプローチなどで随所に見ることができる。基本姿勢から瞬時に動き出すには、理想的な姿勢から無駄のない動きが要求される。特に陸上競技のように100mを走り切るわけではないため、素早くスタートを切れることが相手より優位に立つことの条件である。

●アメリカンフットボール：進行方向への動き出し

Aspen Photo / Shutterstock.com

●野球：盗塁の一歩目から

●ラグビー：進行方向への動き出し

トップスピードの局面

Chapter 5-2

スピードを出す走り方を習得する。20m以上の距離を走る。10〜20m程度の距離で加速し、その後30〜50mの距離を90%以上のスピードで走る。正しい姿勢を保ちながら走り、腕振りともも上げの動作でリズムを取る。脚の動きが体の前で行われるようなイメージで走ること。スピードを上げる際には、力を入れるよりもリズムを速くすることを心掛ける。

Chapter 5-3 ≫ サイドステップ→ダッシュの局面

サイドステップからの加速力を習得する。1歩サイドステップをしてからダッシュする。サイドステップは外側の脚を軸にし、膝を曲げずに支持すること。同時に内側の脚は、進行方向に向けてもも上げ動作をする。ステップをダッシュの1歩にして、最初の2〜3歩で強く手脚を動かす。もも上げによって脚を前に運び、ステップのときに胸を張って正しい姿勢をとる。

横に踏み出した脚を軸足にして、膝を曲げない

進行方向に向けてもも上げを行なう

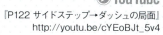

『P122 サイドステップ→ダッシュの局面』
http://youtu.be/cYEoBJt_5v4

最初に強く腕を振り推進力を得る

[サイドステップ→ダッシュの実例]

横方向に脚をステップしてからの動きも、あらゆるスポーツで見ることができる。下記で紹介している3つの他にも、バスケットボールやハンドボールなど、特に相手との接触を避けることが必要なスポーツにおいて多用される。他にもテニスやバレーボールなどのネット型スポーツでも、動き出しの際に必要となる。

●アメリカンフットボール：攻撃側が相手のマークを外して走るとき

Herbert Kratky / Shutterstock.com

●ラグビー：相手を抜き去るとき

●サッカー：相手マークを外すとき

Chapter 5-4 クロスステップ→ダッシュの局面

クロスステップからの加速力を習得する。クロスステップは進行方向に対して前の脚を軸にする。構えたときの膝の角度を変えずに腰を回し、後ろ側の脚でもも上げをしながら進行方向に向ける。ステップをダッシュの1歩にして、最初の2～3歩で強く手脚を動かす。もも上げによって脚を前に運ぶ。ステップのときは胸を張って正しい姿勢をとる。

大きくもも上げをして進む

▶ YouTube
『P126 クロスステップ→ダッシュの局面』
http://youtu.be/3mcYUXybz4M

上半身は前を向いたまま腰を捻って進行方向に踏み出す

[クロスステップ→ダッシュの実例]

クロスステップは体を正面に向けたまま、脚をクロスさせて移動する動きである。テニスやバドミントンなどでは、体を相手（ネット方向）に向けたままボールに対して横方向にアプローチすることが多々ある。他にも野球の守備の際に、またサッカーやラグビー、バスケットボールで相手を追いかける際の動き出しで見ることができる。

●野球：内野手のボールに対する動き出し

●テニス：バックハンド側に打たれてダッシュするとき

Chapter 5-5 バックステップ→ダッシュの局面

バックステップからの加速力を習得する。5m 程軽く後ろ向きに走り、バックステップしてからもう一度前方にダッシュする。一方の脚を軸にし、膝を曲げずに支持する。支持脚が接地する前に腰を引き、接地したときに素早くスタートする。反対の脚は進行方向に向けてもも上げをする。ステップをダッシュの1歩にして、2～3歩で強く手脚を動かす。

『P130 バックステップ→ダッシュの局面』
http://youtu.be/0RiF4StsHpk

支持脚の膝は
曲げずに伸ばす

[バックステップ→ダッシュの実例]

バックステップからの動き出しは、順方向か逆方向かを問わず様々なスポーツで見られる。前ページではバックステップから順方向へのダッシュをトレーニングとして紹介している。逆方向の場合は、サッカーやバスケットボールの守備の際に、前に出たところを抜かれて追いかける際などに見られる。

●サッカー：ディフェンスで下がった後に引いた相手を追いかける動き

CHEN WEI SENG / Shutterstock.com

●バスケットボール：守備のアプローチ後、相手の縦に抜ける動きを追うとき（逆方向）

Chapter 5-6 ▶ 方向転換(カーブ/スラローム)の局面

スラロームしながら加速する方法を習得する。マーカーなどの目印を置いたりして、その箇所でカーブをしながら走る。トップスピードの走り方と同じように走り、カーブする際には外側の脚を軸にして方向を変える。その際、外側の脚は膝を曲げない。足底の内側全体を使い接地し、同時に内側の脚は進行方向に向けて軽いもも上げ動作を行なう。

外側の脚の膝を伸ばしたまま方向転換する

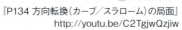

『P134 方向転換（カーブ／スラローム）の局面』
http://youtu.be/C2TgjwQzjiw

外側の脚の膝を伸ばしたまま方向転換する

[方向転換（カーブ／スラローム）の実例]

特に球技においては、方向転換を絶え間なく行なうことが求められる。バスケットボールやサッカー、アメリカンフットボールで相手をかわす動きに加え、サッカーでセンタリングに対して飛び込む際、相手の裏に一度入ってから再び前に飛び込む動作など、相手を出し抜く方向転換のスキルを磨くことが必要とされる。

●野球：ベースランニングで方向を変える際の動き

●アメリカンフットボール：ランニングバックがディフェンスをかわす走り

Aspen Photo / Shutterstock.com

Chapter 5-7 ジャンプに入るときの局面

走り（助走）からのジャンプ動作（特に踏み切り）を習得する。助走をつけて、ある地点で片脚で思い切り高くジャンプをする。トップスピードの際の走り方と同じように走ることが基本で、もも上げ動作でリズムを取ること。特に踏み切り前の2〜3歩はもも上げでリズムをつかみ、ストライド幅を少し縮める。走りもジャンプも正しい姿勢を保つ。

『P138 ジャンプに入るときの局面』
http://youtu.be/fJgTgam1EkI

踏切前の2〜3歩はしっかりとももを上げてリズムをとる

［ジャンプに入るときの実例］

「走る」ことに加えて、「跳ぶ」こともまた、あらゆるスポーツに見られる動きだ。つまりジャンプのスキルを磨くことが重要だということになる。サッカーのヘディングやハンドボール、バスケットボールでのシュート、野球での守備など、素早く安定したジャンプが求められる場面は多く存在する。

●サッカー：助走からジャンプヘッドに入る局面

muzsy / Shutterstock.com

●ハンドボール：ジャンプシュートに入る局面

Additional Chapter

プログラム例

本書のトレーニングメニューから、ウォームアップ、バランス、走力重視(フォーム作り)、走力重視(スプリント)という、4つの目的別に選りすぐったプログラム例をあげる。練習時間が限られる場合などには、これらを組み合わせたり、1週間の中で分散させて取り入れることで、効率的なトレーニングの土台作りが可能だ。

CONTENTS

- P144　**1**　プログラムの組み方
- P145　**2**　プログラムの実例
- P146　**3**　ウォームアップのプログラム
- P147　**4**　バランス重視のプログラム
- P148　**5**　走力重視のプログラム（フォーム作り）
- P149　**6**　走力重視のプログラム（スプリント力）

Additional Chapter 1 >>>

プログラムの組み方

　意外に思われるかもしれないが、運動が苦手な小学生でも、現役のトップアスリートでも、走力アップのための指導内容は基本的に同じだ。練習メニューにアレンジを加えることはあるが、本書の内容をほぼそのまま教えている。それは、本書の内容が、スポーツ業界で流行り廃りのあるメソッドではなく、昔から続けられている伝統的な方法だからだ。多くの競技者が実践し、実際に結果が出ている方法でもあるため、古くならないと言える。

選手の個性にあわせた指導方法とは？

　選手の個性や特性はそれぞれなので、例え練習内容が同じでも、指導方法や声かけは選手次第で変わる。選手一人ひとりの動作特性が異なり、意識を置くべきところが違うため、指導者側の声かけは自然と変わるはずなのだ。君はココ、あなたはコッコと、指導するポイントはまったく異なって当然なのだ。

年代などによってプログラムのアレンジは必要か？

　巻頭でも述べている通り、生活習慣や運動習慣などの変化で、こどもの走力は昔よりも落ちてきている。そのため昔よりもバランス力を磨くメニューを増やす、といったアレンジが必要になるケースはある。また、練習時間内にメニューをこなす体力さえ維持できれば、ジュニア、ジュニアユース、ユースといった年齢層によって、走力練習メニューが大きく変わることはない。それは本書のトレーニングメニューが、年代を問わず身につけておきたい走力の基本だからである。

競技特性によるアレンジは必要か？

　サッカーを例に出すと、ポジションによって求められる走力が異なる場合はある。しかし、ディフェンダーは、攻めてくる相手のフォワードと対峙することになるので、結局は相手フォワードと同等、もしくはそれ以上の走力を持っているのが理想的だ。基本の走力は多くのスポーツ、そして多くのポジションで共通して必要であり、それを身につけておけばポジションが変わってもそのまま活用できるのだ。

Additional Chapter 2 ≫ プログラムの実例

　走力を身につけるためには、本書の内容をすべてこなすのが理想的だ。しかし、実際に複数の選手をまとめて指導する際に、Chapter4までを通して実践すると1時間以上が必要になる。とくに各競技の技術練習などに時間を割きたい場合は、走力トレーニングのみに特化できない場合がある。つまり指導者は、より効率を考えた走力アップトレーニングのプログラムを考える必要があると言える。限られた時間に最大限の効果を生み出すことを望むなら、1週間の練習メニューの中に、走力アップメニューを分散させて組み込む方法が考えられる。また、さらに凝縮した走力アップのプログラム例を挙げると、以下のようになる。

①ウォームアップのプログラム

②バランス重視のプログラム

③走力重視のプログラム（フォーム作り）

④走力重視のプログラム（スプリント力）

　具体例として、走力アップのために月曜日、水曜日、金曜日の3日間を割く場合、月曜日①＋②、水曜日①＋③、金曜日①＋④といったように、①は毎回取り入れる前程として、②から④を組み合わせて分散させる。選手の体力などが許せば、①＋③＋④といったように、複数のプログラムを組み合わせることもできる。基本の走力とは姿勢の保持、リズム感、操作スキルから生まれている。この3要素を効率良く引き上げるための効率的なプログラムになるため、積極的に取り入れてもらいたい。なお、各プログラムを組み合わせた際に、トレーニング項目が重複した場合は、片方を削除する。

Additional Chapter 3 ウォームアップのプログラム

ページ	チャプター	タイトル	中タイトル	回数、セット数などの目安
36	ストレッチ	背中周り	①背中周りのストレッチ	10～20秒×1セット
37			②背中周りのストレッチ	10～20回×1セット
38			③背中周りのストレッチ	20回（左右を各10回）×1～2セット
39		肩周り	①肩周りのストレッチ	10～20秒×1セット
40			②肩周りのストレッチ	10～20秒×1セット
41			③肩周りのストレッチ	10～20秒×1セット
42			④肩周りのストレッチ	各方向（上から下、下から上）を10回×1セット
43			⑤肩周りのストレッチ	10～20回×1セット
44		股関節	①股関節のストレッチ	10～20秒×1セット
45			②股関節のストレッチ	10～20秒×1セット
46			③股関節のストレッチ	10～20秒×1セット
47			④股関節のストレッチ	10～20回×1セット
52	動きづくり	基本の正しい姿勢	②正しい姿勢の作り方	1～2回
62		ブラジル体操	①股関節内旋	10回（左右各5回）×1～2セット
64			②股関節外旋	10回（左右各5回）×1～2セット
66			③脚上げ	10回（左右各5回）×1～2セット
66			④脚上げ（横）	10回（左右各5回）×1～2セット
68		スキップ		15m×1～2本
70		ギャロップ		15m×2本（各踏切脚、左右合計2～4本）

Additional Chapter 4 >>> バランス重視のプログラム

ページ	チャプター	タイトル	中タイトル	回数、セット数などの目安
52	動きづくり	基本の正しい姿勢	②正しい姿勢の作り方	1～2回
54		バランス	①つま先立ち（30秒静止）	1～2セット
55			②つま先立ち歩き	10m×1～2本
56			③つま先立ち走り	10m×1～2本
58			④かかと歩き	10m×1～2本
59			⑤かかと走り	10m×1～2本
60			⑥かかと→つま先歩き	10m×1～2本
61			⑦かかと→つま先歩き（2秒静止）	10m×1～2本
62		ブラジル体操	①股関節内旋	10回（左右各5回）×1～2セット
64			②股関節外旋	10回（左右各5回）×1～2セット
66			③脚上げ	10回（左右各5回）×1～2セット
66			④脚上げ（横）	10回（左右各5回）×1～2セット
72		四肢同調ジャンプ	①揃えた状態→横に開脚	10回×1～2セット
74			②前後に開脚	10回×1～2セット
76			③前後と揃える動作の組み合わせ	10回×1～2セット
78		もも上げスキップ	①腕を横に広げながら	15m×2本
80			②腕を前後に振りながら	15m×2本
82			③非対称に腕を回しながら	15m×2本

Additional Chapter 5 走力重視のプログラム（フォーム作り）

ページ	チャプター	タイトル	中タイトル	回数、セット数などの目安
52	動きづくり	基本の正しい姿勢	②正しい姿勢の作り方	1～2回
62		ブラジル体操	①股関節内旋	10回（左右各5回）×1～2セット
64			②股関節外旋	10回（左右各5回）×1～2セット
66			③脚上げ	10回（左右各5回）×1～2セット
66			④脚上げ（横）	10回（左右各5回）×1～2セット
68		スキップ		15m×1～2本
70		ギャロップ		15m×1～2本（各踏切脚、左右合計2～4本）
84		片脚のもも上げ		15m×2本
86		引き付け		15m×2本
88		シザース		15m×2本
90		もも上げ		15m×2本
96	トレーニング（発展）	もも上げ	①腕を真上に上げて	15m×1～2本
98			②腕を真横に上げて	15m×1～2本
100			③腕を後ろで組んで	15m×1～2本
108		もも上げ（3種）→流し	①腕を真上に上げて	1本（10mもも上げ+50m～70m流し）
108			②腕を真横に上げて	1本（10mもも上げ+50m～70m流し）
108			③腕を後ろで組んで	1本（10mもも上げ+50m～70m流し）

Additional Chapter 6 >>> 走力重視のプログラム (スプリント力)

ページ	チャプター	タイトル	中タイトル	回数、セット数などの目安
52	動きづくり	基本の正しい姿勢	②正しい姿勢の作り方	1～2回
62		ブラジル体操	①股関節内旋	10回（左右各5回）×1～2セット
64			②股関節外旋	10回（左右各5回）×1～2セット
66			③脚上げ	10回（左右各5回）×1～2セット
66			④脚上げ（横）	10回（左右各5回）×1～2セット
68		スキップ		15m×1～2本
70		ギャロップ		15m×2本（各踏切脚、左右合計2～4本）
84		片脚のもも上げ		15m×2本
86		引き付け		15m×2本
88		シザース		15m×2本
90		もも上げ		15m×2本
92		バウンディング		10歩×2本
106	トレーニング（発展）	もも上げ→流し		2本（10mもも上げ+50m～70m流し）
110		バウンディング→ダッシュ		2本（2～3歩バウンディング+20mダッシュ）
112		ダッシュ（大股イメージ）		30mダッシュ×3本～5本

終わりに

　私は現役時代に「お前は才能がないから努力するしかない」と言われていた。そのため、「努力を積み重ねることで勝利を手繰り寄せる」と常に自分に言い聞かせて競技に取り組んできた。しかし、ただ努力し、時間と労力を費やせば目標が達成できるわけではない。そのため私が常に心掛けていたことは、「考えながらトレーニングをする」ことである。もし才能があふれるような選手であれば、何も考えずとも速く走れていたかもしれない。だが、短距離選手としてのトレーニングを積めば積むほど、試合の経験を積めば積むほど、自分自身の能力の不足を感じていた。また、小学生の頃から「オリンピックの100mに出る」という目標を定めており、この大きな目標を決めたからこそ、このときから「考えてトレーニングする」ことに気付き、実践するようになった。

　そして高校入学の際、自分自身の競技人生および指導者としての考え方に大きな影響を与えた人との出会いがあった。当時の母校の陸上競技部顧問であった故・加藤晴一先生である。この先生のトレーニングコンセプトは、「考えながら身体を動かす」、「才能がない選手でも伸びるトレーニング」であった。競技者としてこの概念に感銘を受け、常に頭を使いながらトレーニングすることを心掛けた。また指導者になってからもそのコンセプトを活かしており、私自身のトレーニングの基本的なコンセプトになっている。そして現在、様々なスポーツ種目の選手を指導するようになったが、ここでも「考えながらトレーニングをする」ことを重視している。一方的にやらせるのではなく、選手にも考えさせ、意見を交換し、そして常にトレーニングの質を高めるように努めている。こうしたスタイルは、選手の個性に適応したトレーニング内容を形成すると同時にその質を高め、また選手自身の競技やトレーニングに対する理解度の向上につながる。それにより、指導者と選手の協働作業が成立する。つまり、指導者が一方的に与えたモノを選手が受け入れるだけでなく、双方がアイディアを出し合い、実践し、そしてその結果を精査していくことで、常により良いトレーニング内容を生産していくことが可能になるのである。こうしたことを通じて指導者自身も様々なことを学ぶことができる。理論を学ぶだけでなく、理論と実践を結びつけ、より効果的なトレーニングを構築することができる。

こうした概念以外にも、基礎技術、基礎トレーニングの大切さを痛感している。選手時代、ドイツにトータル7年ほど留学し、トレーニングを積んだ経験がある。その中で、世界のトップ選手並びに彼らの指導者と試合や合宿などで同じ時間を過ごすことも少なくなかった。そこではトレーニングについての話をしたが、彼らは基礎技術や基礎トレーニングを非常に重要視しており、競技レベルが上がっても、その考えは変わらなかった。こうしたトレーニングでは特に考えながら丁寧に実践することが不可欠であり、それが効果を高める。そして、こうした基礎技術や基礎トレーニングの質の高さが、パフォーマンスの高さと比例していることも理解することができた。トップレベルの選手は基礎技術のレベルが非常に高く、どのようなコンディションでもその技術を発揮できるのである。ここに、日本と世界との大きな違いがあるように思う。基礎は普遍であり、どのレベルに対しても必要である。だからこそ、新しいトレーニング方法に目を向けるだけでなく、我々がすでに知っている基礎の技術や基礎トレーニングに重点を置くことも非常に大切である。

　また現在指導している様々な選手を観察すると、国際的な活躍をしている選手ほど、やはりこうした基礎トレーニングを重要視している。基礎的トレーニングは基本的に地味であり、楽しいものではない。しかし、彼らはその内容と重要性を理解するだけでなく、継続的に取り組んでいる。これは、前述の私が現役時代に関わった世界的トップ選手と同じ姿勢である。つまり、こうした基礎トレーニングに関する価値観は時代を超えても普遍的であり、こうした価値観を持つこと、そしてそれを継続して実践することが不可欠であると言える。だからこそ、見栄えの良い、あるいは最新のトレーニングばかりに着目するのではなく、基礎トレーニングに対しても同様の、あるいはそれ以上に重要視しながら普段のトレーニングに積極的に取り入れて欲しい。それが遠回りのように見えて、レベルアップへの近道になると確信しているし、この考え方が多くの人に広まることを期待している。

2018年1月　杉本龍勇

スポーツに活きる！
正しい走り方講座
[増補・改訂版]

2018年4月5日 発行

STAFF

PUBLISHER
高橋矩彦　Norihiko Takahashi

SENIOR EDITOR
関根圭一　Keiichi Sekine

EDITOR
八川優作　Yusaku Hachikawa
岩田塁　Rui Iwata

CHIEF DESIGNER
藤井映　Akira Fujii

DESIGNER
三鐫翔　Sho Mitsuhashi
粕谷江美　Emi Kasuya

ASSISTANT DESIGNER
本田多恵子　Taeko Honda

ADVERTISING STAFF
小島愛佳　Aika Ojima
水戸慎吾　Shingo Mito

PHOTOGRAPHER
関根統　Osamu Sekine

PRINTING
中央精版印刷株式会社

PLANNING, EDITORIAL & PUBLISHING
(株)スタジオ タック クリエイティブ
〒151-0051　東京都渋谷区千駄ヶ谷3-23-10
若松ビル 2F

STUDIO TAC CREATIVE CO.,LTD.
2F, 3-23-10, SENDAGAYA,
SHIBUYA-KU, TOKYO, 151-0051 JAPAN

E-mail　stc@fd5.so-net.ne.jp
URL　http://www.studio-tac.jp

〔企画・編集・広告進行〕
Tel.03-5474-6200　Fax.03-5474-6202

〔販売・営業〕
Tel&Fax.03-5474-6213

1804 A

監修者： 杉本龍勇　Tatsuo Sugimoto

1970年11月25日生まれ。静岡県出身。浜松北高校3年時のインターハイで、100mと200mともに大会新記録で優勝。その後法政大学に進学し、インカレの100mで優勝。ドイツ留学を経て、世界陸上選手権東京大会、バルセロナオリンピックの100m、及び4×100mリレーに出場。引退後は浜松大学経営情報学部講師、同学陸上競技部監督と同学サッカー部のフィジカルアドバイザーを務める。その後清水エスパルスフィジカルコーチ、湘南ベルマーレフィジカルアドバイザーを歴任。現在は法政大学経済学部教授を務める傍ら、育成年代に向けた体の使い方や走り方の指導などの活動を精力的に行なっている。

CAUTION 注意

本書に記載されている内容は、プロコーチ監修の元に行なった内容を記事として再構成したものです。本書籍の内容を行なう上での安全等は、すべてそのトレーニングを行なう個人の技量や注意深さに委ねられるものです。よって、本書の内容に準じたトレーニング内容であっても、出版する当社、株式会社スタジオ タック クリエイティブでは実際にトレーニングした際に生じたケガや死亡等に関し、その一切を保証いたしません。また、トレーニング中において発生した事故や器物の破損、損壊についても、当社では一切の責任を負いかねます。すべてのトレーニングにおけるリスクは、それを行なうご本人に負っていただくことになりますので、充分にご注意下さい。

STUDIO TAC CREATIVE
㈱スタジオ タック クリエイティブ
©STUDIO TAC CREATIVE 2018 Printed in Japan

● 本書の無断転載を禁じます。
● 乱丁、落丁はお取り替えいたします。
● 定価は表紙に表示してあります。

ISBN 978-4-88393-813-1